东北财经大学辽宁(大连)自贸区研究院
Institute of Liaoning(Dalian) Free Trade Zone，DUFE

中国（辽宁）自由贸易试验区大连片区创新案例研究

Research on the Innovation Cases in Dalian Area of
China(Liaoning) Pilot Free Trade Zone

（第二辑）

东北财经大学辽宁（大连）自贸区研究院
中国（辽宁）自由贸易试验区大连片区建设工作领导小组办公室　　著

东北财经大学出版社
Dongbei University of Finance & Economics Press
大连

图书在版编目（CIP）数据

中国（辽宁）自由贸易试验区大连片区创新案例研究（第二辑）/东北财经大学辽宁（大连）自贸区研究院，中国（辽宁）自由贸易试验区大连片区建设工作领导小组办公室著. —大连：东北财经大学出版社，2018.11

ISBN 978-7-5654-3357-3

Ⅰ. 中… Ⅱ. ①东… ②中… Ⅲ. 自由贸易区-经济建设-案例-辽宁 Ⅳ. F752.831

中国版本图书馆CIP数据核字（2018）第257105号

东北财经大学出版社出版

（大连市黑石礁尖山街217号 邮政编码 116025）

网 址：http://www.dufep.cn

读者信箱：dufep@dufe.edu.cn

大连永盛印业有限公司印刷 东北财经大学出版社发行

幅面尺寸：170mm×240mm 字数：150千字 印张：11.25 插页：1

2018年11月第1版 2018年11月第1次印刷

责任编辑：李 彬 郭海雷 李丽娟 责任校对：王 娟
　　　　　吴 茜 高 铭

封面设计：张智波 版式设计：钟福建

定价：46.00元

教学支持 售后服务 联系电话：(0411) 84710309

版权所有 侵权必究 举报电话：(0411) 84710523

如有印装质量问题，请联系营销部：(0411) 84710711

编委会

顾　问

李汉国　肖兴志

主　任

靳继东

委员（以姓氏笔画为序）

于晓媛	马文甲	王晓玲	吕怀涛	齐佩金
刘薇娜	孙俊祥	孙　毅	李少林	吴春妮
岳亚童	施锦芳	蒋晓杰	褚　敏	

前　言

中国（辽宁）自由贸易试验区大连片区自2017年4月挂牌建设以来，按照习总书记"大胆试、大胆闯、自主改"要求，坚持以制度创新为核心，对标国际先进经贸规则，积极探索建立符合国际化、市场化、法治化要求的制度体系。经过一年多来全面持续的探索，中国（辽宁）自由贸易试验区大连片区迈出了坚实且关键的一步，形成了一批可复制、可推广的制度创新成果，发挥了自贸试验区全面深化改革和扩大开放试验田的作用。

东北财经大学辽宁（大连）自贸区研究院作为东北财经大学和大连市政府共建的聚焦于自贸试验区研究的科研机构，持续致力于自贸试验区改革创新的理论和政策研究，密切跟踪、关注大连自贸试验片区的实践和探索。在中国（辽宁）自由贸易试验区大连片区挂牌周年之时，辽宁（大连）自贸区研究院出版了《中国（辽宁）自由贸易试验区大连片区创新案例研究》一书，受到学术界同仁和在改革前沿探索的实践者的肯定和好评。其中，经我院评估的大连片区"保税混矿监管创新"作为自由贸易试验区第四批改革试点经验面向全国推广，并成功入选2017年全国自贸试验区十大新闻和十大创新案例。

是为荣，更为勉。受中国（辽宁）自由贸易试验区大连片区委托，我院再次承担大连片区"检验检疫业务提前办理告知承诺制"等22个创新案例的第三方评估工作，这些创新案例内容涉及政府职能转变、贸易转型升级和金融开放创新等领域，既是对《中国（辽宁）自由贸易试验区总体方案》赋予的"通过体制机制改革为东北老工业基地提供可复制推广经验，成为经济发展新引擎；通过进一步扩大开放促进与东北亚全方位经济合作，成为对外开放新高地"改革任务的探索，又是对大连自身发展内在必然要求的响应。这22个创新案例还体现了中国（辽宁）自由贸易试验区大连片区发展的亮点：一是融合信息化、电子化、智能化先进技术手段，使先进技术成为创新案例的载体，如检验检疫部门采用了实时电子检测技术、数据库技术和信息交换技术，在金融开放制度创新过程中研发了多种技术服务平台；二是立足东北地区优势资源和特色产业，创新推动粮食国际中转贸易发展，在极大提升进口粮食贸易便利化的同时，提高粮食港口竞争力，促进下游粮食加工产业提升盈利能力，推动具有东北特色的粮食产业形成集聚态势；三是注重和推进创新的横向纵向联动，如"大连海关推出银行保函管理系统 中国银行大连分行率先试点应用"案例中，大连海关和银行协作创新，实现了海关与银行保函信息无缝对接。

创新案例评估运用了政府访谈、企业访谈、专家评价和调查问卷等方法，从创新性、有效性、可复制性和系统集成性等方面对案例进行评估，并提出可能的风险点和未来推广所需条件。评估报告的完成离不开相关单位的大力支持和配合，感谢中国（辽宁）自由贸易试验区大连片区建设工作领导小组办公室的工作指导，感谢大连海关、大连保税区建设局、大连保税区规划局、大连市质监局、自贸服务大厅、中国工商银行大连分行、中国建设银行大连分行、中国银行大连分行、大连北良企业集团有限公司等创新单位的协同配合。

本书由靳继东负责总体设计和安排。创新案例评估报告撰写分工如下：王晓玲负责创新案例一、九、十一；刘薇娜负责创新案例二、三、十四；马文甲负责创新案例四、五、六；吕怀涛负责创新案例七、十五；李少林负责创新案例八、十、十三；褚敏负责创新案例十二；齐佩金、蒋晓杰负责创新案例十六、十七、十八、十九、二十、二十一、二十二。于晓媛承担了创新案例评估过程中跨部门沟通协调和本书出版策划、联络协调工作。感谢研究团队的通力合作和辛苦付出，同时向在本书出版过程中展现严谨负责工作态度和热忱奉献精神的东北财经大学出版社的编辑们表示敬意。

由于水平有限，书中难免存在不当之处，恳请各位读者不吝赐教斧正。

东北财经大学

辽宁（大连）自贸区研究院院长

靳继东

2018 年 9 月 19 日

目　录

1 创新案例一：检验检疫业务提前办理告知承诺制

1.1 案例概况

案例描述

为了深入推进简政放权、放管结合、优化服务的"放管服"改革，落实《中国（辽宁）自由贸易试验区总体方案》中切实转变政府职能的具体要求："推进政府管理由注重事前审批向注重事中事后监管转变，构建事前诚信承诺、事中评估分类、事后联动奖惩的全链条信用监管体系"，提升贸易便利化水平和效率，优化辽宁自贸试验区大连片区的营商环境，大窑湾出入境检验检疫局积极进行制度创新的先行先试，通过"检验检疫告知+企业事前承诺"的方式提高口岸工作效率，缩短通关时间，为自贸试验区建立新型监管制度进行了大胆探索和有益实践。

告知承诺制是指报检单位提出申请，大窑湾出入境检验检疫局所属部门一次告知其申办条件和需要提交的材料，申请人以书面形式承诺其符合检验检疫相关工作要求，并能够按照承诺在规定期限内提交材料，由相关业务部门以申请人的承诺材料代替指定要件做出业务办理决定。各业务部门对申请人以告知承诺方式提前办理报检和后续检验检疫监管等工作。

主要做法

除直接涉及国门安全、公共安全、食品安全执法类型外，对于能够通过事后补充提交材料或者整改符合条件，且不会产生严重后果的检验检疫相关工作，相关业务部门可以实行告知承诺方式办理。

◇申请程序。对实行告知承诺方式办理的业务事项，相关业务部门收到申请后，采取当面告知、电子邮件、短信等方式即时发给申请人告知承诺书，并向申请人告知：申请事项所依据的主要法律、法规、规章要求；需要申请单位提交材料的名称、方式和期限；申请单位做出承诺的时限和法律效力，以及不履行承诺和做出不实承诺的法律后果；相关业务部门认为应当告知的其他内容。

申请人收到告知承诺书，愿意做出承诺的，在被告知的期限内填写申请信息，提交承诺书，并对提交内容做出确认和承诺，按照承诺书约定，向审批科室提交规定要件。

◇审核与执行。相关业务部门收到经申请人签章的承诺书以及承诺书约定的部分材料后，启动审核流程。对申请内容进行判断，确认与现行法律法规是否存在严重不符内容，结合申请实际情况和申请单位诚信情况，判断风险是否可控，做出审核决定并进行登记。申请人完成承诺事项需向办理业务部门进行核销登记。

◇监督管理。做出业务提前办理决定后，承诺未兑现前，货物不予放行。申请人在承诺书约定的期限内未按照承诺提交材料或者完成整改的，相关业务部门将对货物按照检验检疫相关法律法规进行处理。申请人是同一报检单位、同一收货人的，在承诺书所列承诺未兑现之前，不允许提起新的告知承诺申请。相关业务部门建立企业诚信档案，对申请人做出不实承诺，或未完成承诺事项的，记入诚信档案；发现申请人有违法行为的，依法做出处理。

检验检疫业务提前办理告知承诺制主要做法如图1-1所示。

图1-1　检验检疫业务提前办理告知承诺制主要做法

创新亮点

◇ 转变政府监管方式的新突破。检验检疫业务提前办理告知承诺制是政府管理重点由事前审批向事中事后监管转变的新探索和新突破。在风险可控的前提下，最大限度为企业服务，提高口岸通关效率，提升辽宁自贸试验区大连片区营商环境。

◇ 推进企业诚信制度建设。检验检疫业务提前办理告知承诺制以企业诚信为前提条件，完备的企业信用信息为告知承诺制提供保障。在推进告知承诺制的同时必须进行企业诚信制度建设。

◇ 产生信用激励示范效应。检验检疫业务提前办理告知承诺制对严格遵守检验检疫相关法律法规的高诚信企业提供便利服务，对其严格履行承诺的诚信行为进行正向激励，产生信用激励示范效应。

检验检疫业务提前办理告知承诺制创新亮点如图 1-2 所示。

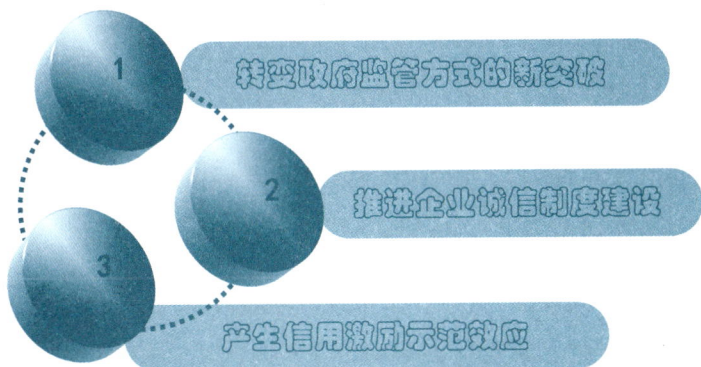

1 转变政府监管方式的新突破

2 推进企业诚信制度建设

3 产生信用激励示范效应

图 1-2 检验检疫业务提前办理告知承诺制创新亮点

1.2 评估方法

◇ 深度访谈法。为了深入了解创新案例的发生、发展，主要内容和具体做法，与大窑湾出入境检验检疫局相关领导、检务科工作人员进行深度访谈。

◇ 比较分析法。将检验检疫业务提前办理告知承诺制创新前后管理方式进行比较，通过两种管理方式、具体做法优缺点的比较，评价告知承诺制的创新性。

◇ 专家打分法。对各创新分项进行专家打分，通过加权平均法计算总分，分项和总分均以 5 分为满分。

检验检疫业务提前办理告知承诺制评估方法如图 1-3 所示。

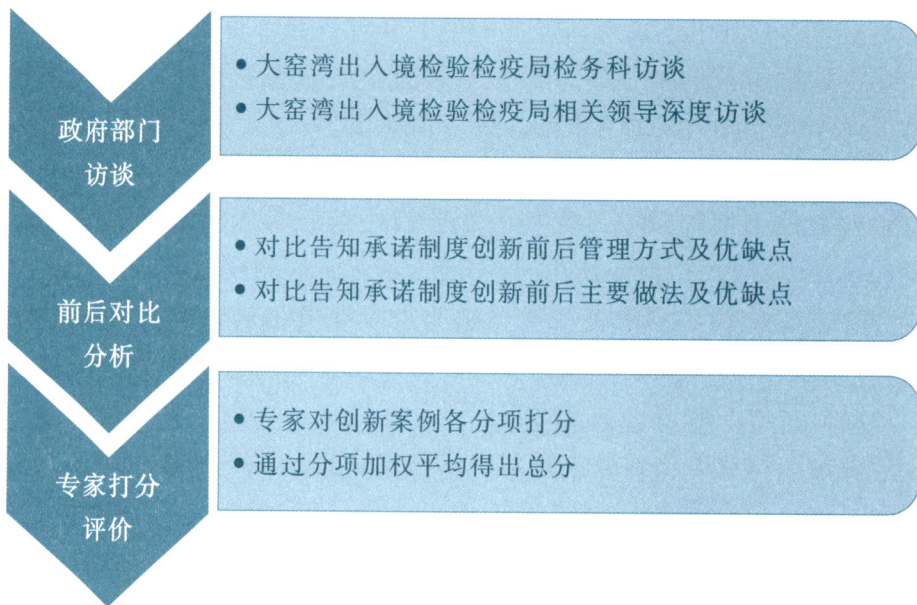

政府部门访谈	• 大窑湾出入境检验检疫局检务科访谈 • 大窑湾出入境检验检疫局相关领导深度访谈
前后对比分析	• 对比告知承诺制度创新前后管理方式及优缺点 • 对比告知承诺制度创新前后主要做法及优缺点
专家打分评价	• 专家对创新案例各分项打分 • 通过分项加权平均得出总分

图 1-3　检验检疫业务提前办理告知承诺制评估方法

1.3　创新性评估

前后对比维度

检验检疫业务提前办理告知承诺制是大窑湾出入境检验检疫局在切实转变政府职能过程中进行的制度创新，是政府管理重点由事前审批向事中事后监管转变的新突破。该项制度创新为企业节约了通关时间，提高了贸易便利化水平，提升了大窑湾口岸营商环境，与制度创新前相比具有明显优势。检验检疫业务提前办理告知承诺制度创新前后对比见表 1-1。

表1-1   检验检疫业务提前办理告知承诺制度创新前后对比

	制度创新前		制度创新后
模式	◇口岸事前检务管理模式 ◇缺点：检验检疫工作流程环环相扣，上一环节完成后方可进入下一环节，检验检疫全部流程耗时较长	模式	◇口岸告知承诺监管模式 ◇优点：企业提交检验检疫业务提前办理告知承诺申请后，报检、查验、合格评定环节可同时进行，大幅压缩报检时间
主要做法	◇口岸检验检疫"串联执法" ◇缺点：报检所需时间较长，通关效率低，影响企业正常船期，增加仓租费用和运输费用，增加企业成本	操作方法	◇口岸检验检疫"并行执法" ◇优点：企业承诺提交货物输入国官方签发的检验检疫证书、原产地证书等原件，即可办理报检业务，缩短报检时间，提高通关效率，节约企业成本

专家评价维度

    检验检疫业务提前办理告知承诺制是政府管理方式由事前审批向事中事后监管转变的新突破，提升贸易便利化水平，优化辽宁自贸试验区大连片区的营商环境。专家对该案例制度突破性分项打分4.92，压缩报检流程分项打分4.90，提高通关效率分项打分4.82，降低企业成本分项打分4.83，提升营商环境分项打分4.88，创新综合评价打分4.87，检验检疫业务提前办理告知承诺制创新性突出。检验检疫业务提前办理告知承诺制专家打分评估如图1-4所示。

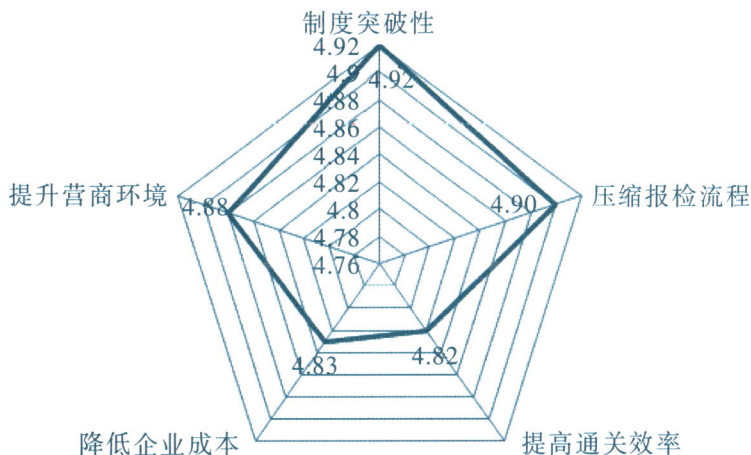

图1-4   检验检疫业务提前办理告知承诺制专家打分评估

1.4　创新成效评估

主要创新成效

◇ 推动自贸试验区制度创新。检验检疫业务提前办理告知承诺制是大窑湾出入境检验检疫局围绕《中国（辽宁）自贸试验区总体方案》要求推出的制度创新，是转变政府监管方式的创新探索和实践，对自贸试验区制度创新起到重要的推动作用。

◇ 降低企业制度性交易成本。检验检疫业务提前办理告知承诺制，将"串联执法"变为"并行执法"。对企业承诺约定期限内提供告知相关材料的，可以提前受理业务，除"合格放行"环节外的其他业务环节可同步开展，大幅压缩检验检疫全流程时长，降低企业成本，增强企业竞争力。

◇ 产生诚信企业示范效应，检验检疫业务提前办理告知承诺制为诚信企业提供便利化的通关措施，使诚信企业可以分享自贸试验区制度创新红利，对其诚信行为进行正向激励，对其他企业产生示范效应，使其重视自身诚信管理。

◇ 提升大连口岸营商环境。大窑湾保税港每年有20余万批报检量。制度创新前经常出现国外出具证书晚于货物到港，或证书有瑕疵需要邮寄返回更正的情形。在传统报检模式下，未提交正本证书无法办理报检、报关、查验等业务，加大了企业滞港、滞箱时间和成本。制度创新后，企业在提交承诺要件前可提前办理报检、查验等业务，大大缩短了企业通关时间，提高了贸易便利化水平，改善了口岸营商环境。

1.5　风险评估及防控措施

◇ 信息掌握不全风险及防控措施

检验检疫业务提前办理告知承诺制适用于诚信等级较高的企业，但检验检疫部门对企业的信用信息掌握不全面，存在一定的监管风险。防控措施为：通过国家企业信用信息公示系统等途径，了解企业的全面诚信情况，进行分类监管。

◇ **疫情防控风险及防控措施**

在企业办理报检的过程中，一些进境货物可能存在疫情风险。防控措施为：以安全性原则为前提，在进境货物报检过程中，如果企业已经提起检验检疫业务提前办理告知承诺申请，在承诺要件尚未提交之前，不予放行进境货物。

1.6 复制推广评估

◇ **复制推广价值**

检验检疫业务提前办理告知承诺制是在切实转变政府职能过程中进行的制度创新，对推进政府管理由注重事前审批向注重事中事后监管转变，构建事前诚信承诺、事中评估分类、事后联动奖惩的全链条信用监管体系具有重要的推动作用，具有较大的复制推广价值。

◇ **复制推广所需条件**

检验检疫业务提前办理告知承诺制的复制推广将在两个维度展开。一是向其他货物品类复制推广，由目前的进口肉类、水产品、木材向其他货物品类扩展；二是向其他口岸复制推广。复制推广所需条件为：建立检验检疫业务提前办理告知承诺制度规范、业务流程，建立企业诚信管理信息系统。

2 创新案例二：企业合规管理辅导员制度搭建认证培育绿色通道

2.1 案例概况

案例描述

为加快政府职能转变，促进开放型经济模式早日实现，2017年7月1日，海关总署实行全国海关通关一体化改革。为积极响应改革，大连海关以优化营商环境、为企业提供精准服务为宗旨，在企业合规管理和高级认证企业协调员两项制度叠加应用的基础上，建立起一批高素质、专业化的海关辅导员队伍，指导企业合规管理、提高自我管理水平，为企业提高海关认证信用等级搭建了"绿色通道"。海关辅导员制度通过为企业提供全方位指导和"一对一"服务，不仅帮助一般企业走上合规、健康、持续的发展道路，还可对重点企业做到心中有数，有助于进一步提高监管质量，形成解决通关难题的良好机制，进而推动企业实现高质量发展。

主要做法

在原有主要针对高级认证企业服务的海关企业协调员的基础上，大连海关通过整合业务咨询、政策宣讲、通关应急、信用管理、合规管理等职能，建立起企业合规管理辅导员制度，其主要职能为：通过与进出口企业实现对接，①为企业提供日常服务；②重点辅导企业在内部管理流程中融入海关监管要求，做到合法合规经营；③将合规辅导与指导企业提高信用等级同步，帮助企业尽早获得更高一级的信用评级。

　　企业合规管理辅导员制度和认证培育绿色通道制度的主要内容如图 2-1 所示。其具体步骤和内容如下：

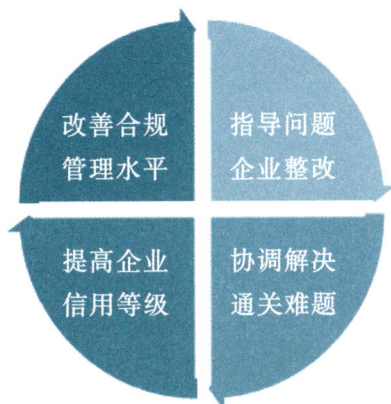

图 2-1　企业合规管理辅导员制度和认证培育绿色通道制度主要内容

　　（1）成立以辅导员为主的合规服务小分队，指导问题企业整改。在企业发生违规问题并进行处理之后，辅导员合规服务小分队上门协助企业查找问题症结，提出整改要求，理顺管理流程，督促企业在规定时间内完成整改、实现规范操作，帮助企业健康、合规发展。

　　（2）协调解决通关难题。定期走访企业，了解企业生产经营情况和面临的困难，建立问题清单，逐一协调解决通关难题。

　　（3）帮助企业提高信用等级。首先，宣传推介"守信便利"的好处，宣讲海关信用管理的主要内容与认证要求，鼓励和引导企业向更高信用等级努力。随后，通过采取上门指导、预认证等措施，提高认证效率，辅导企业尽早获得更高一级的信用评级，早日享受到高资信带来的通关便利。

　　（4）帮助企业提高"自我+合法合规"管理水平。辅导员不仅为企业提供日常服务，还帮助企业建立集通关管理、减免税管理、加工贸易管理为一体的企业合规管理信息系统，让企业在内部管理流程中融入海关监管要求，提高企业"自我+合法合规"管理水平，降低违法违规的可能性。

创新亮点

　　（1）制定辅导企业筛选标准。海关为企业配备辅导员是以充分尊重企业意愿为前提，同时亦有明确的筛选标准，一般选取诚信较好、有强烈辅导需求、国家或地方重点关注的以及有问题出现并想尽快整改的企业作为重点辅导对象。

（2）根据企业个性化需求，开展针对性服务。为辖区高级认证企业和重点企业、支柱企业等配备海关辅导员，除定期走访外，还根据各企业现状与需求，进行针对性的辅导，帮助企业健康、合规发展。

（3）提供全方位服务。企业合规管理辅导员制度和认证培育绿色通道制度为企业发展提供全方位服务，辅导企业规范管理，做合规发展的"护航员"；指导企业提高信用等级，做诚信"培育师"；指导问题企业整改，做企业的"体检员"；协调解决企业通关难题，做企业"贴心人"。

（4）建立认证培育绿色通道。通过全面了解企业情况、辅导企业规范管理、指导问题企业整改、协调解决企业通关难题、鼓励和引导企业向更高信用等级努力等前期辅导举措，实则是为企业搭建了认证培育的"绿色通道"，提高了企业认证效率，帮助企业早日享受到高资信带来的通关便利。

企业合规管理辅导员制度和认证培育绿色通道制度创新亮点如图2-2所示。

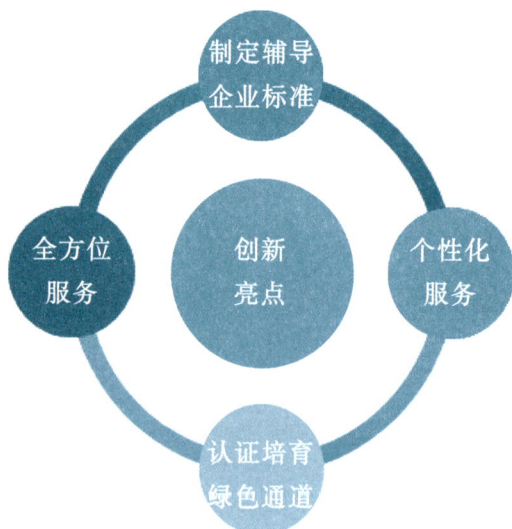

图2-2　企业合规管理辅导员制度和认证培育绿色通道制度创新亮点

簡要效果

大连海关自推出企业合规管理辅导员制度和认证培育绿色通道制度以来：①对11家企业进行了重点辅导，其中对佳能医疗器械（大连）有限公司申请办理电子账册等21个重点问题进行了解答和解决；指导利渤海尔机械（大连）有限公司建立一整套较为完备的合规管理系统，实现了海关关务管理的全程内控管理。初步统计申报准确率提高90%以上，节省人力资源达一半以上，起到了良好的示范作用。②2018年上半年完成21家企业的海关认证工作，开发区海关辖区内已达到高级认证的企业有19家，占大连海关的近一半，其中大连奥美电子科技发展有限公司在进行辅导员培训之后，在一个月内完成了从一般认证企业到高级认证企业的转变。

2.2　评估方法

企业合规管理辅导员制度和认证培育绿色通道制度评估方法如图2-3所示。

海关及部分企业访谈 A　　对比分析法 B　　专家评价法 C

图2-3　企业合规管理辅导员制度和认证培育绿色通道制度评估方法

◇ 深度访谈法

多次与大连海关部门及相关企业进行访谈，深入了解制定辅导员制度的目标、创新内容及操作细则。通过收集相关数据资料和案例素材，分别从宏观和微观两个层面了解落实效果。

◇ 对比分析法

将制度实施前后企业的通关效率、海关管理效能及关企合作氛围进行比较，分析海关辅导员制度的创新性和有效性。

◇ 专家评价法

邀请相关领域专家对辅导员制度的创新性和推广难易度进行打分评价。通过加权平均法计算总分，分项和总分均以 5 分为满分。

2.3　创新性评估

创新前后对比

大连海关实施企业合规管理辅导员制度和认证培育绿色通道制度以来，通过采取全方位与个性化服务相结合等举措，促进企业实现"自我+合法合规"管理，大大降低了企业时间和人力成本，部分企业获得了更高一级的信用评级，极大地提高了企业通关效率与便利化水平。与传统模式相比，企业合规管理辅导员制度和认证培育绿色通道制度，符合新时代诚信体系下企业合规发展需求，创新优势突出。

企业合规管理辅导员制度和认证培育绿色通道制度实施前后对比见表 2-1。

表 2-1　企业合规管理辅导员制度和认证培育绿色通道制度实施前后对比

制度实施前		制度实施后	
模式	通关企业需多次到海关询问通关及企业合规管理相关事宜，对海关最新规定了解不及时	模式	利用辅导员制度，实现关企及时交流，确保双方沟通畅通，及时接收处理反馈相关问题，帮助企业实现信用等级认证和合规管理，为企业开通了认证培育绿色通道
缺点	△关企信息不对称 △沟通效率低 △企业信用等级较低 △报关差错率较高，通关效率低	优点	△关企信息互通有无 △关企沟通及时有效 △通关效率提高 △企业信用等级提高 △为企业认证提供了"绿色通道"

企业感知维度

通过对企业进行深度访谈得知，他们对大连海关推出的企业合规管理辅导员制度和认证培育绿色通道制度感受度较高，反映得到的主要效益如下：一是在企业和海关之间搭建了沟通桥梁，形成了解决通关难题的良好机制，有利于企业用好用足国家政策；二是建立起的合规管理系统实现了企业内部海关事务各项业务、各环节的全覆盖，并将关务部门与生产部门、仓库管理等进行了有效衔接，做到全程管理、系统管理，促进了企业实现"自我+合法合规"管理的发展；三是全程无纸化作业，通过与企业 ERP 系统对接，对不同岗位数据自动抓取、自动计算，节省了人工成本，提高了申报准确率，同时为无纸化申报以及加工贸易无纸化管理奠定了基础。

专家评价维度

企业合规管理辅导员制度和认证培育绿色通道制度的应用，指导企业切实提高自我管理水平，建立起企业内部的合规管理系统，逐步提高信用等级，从而走上合规、健康、持续的发展道路。专家对该案例工作模式创新性打分 4.80，降低企业时间成本打分 4.91，提高企业通关效率打分 4.93，提高企业信用认证等级速度打分 4.86，优化海关管理营商环境打分 4.83，案例创新性综合评价得分 4.87，企业合规管理辅导员制度和认证培育绿色通道制度效果显著。企业合规管理辅导员制度和认证培育绿色通道制度创新性专家评分如图 2-4 所示。

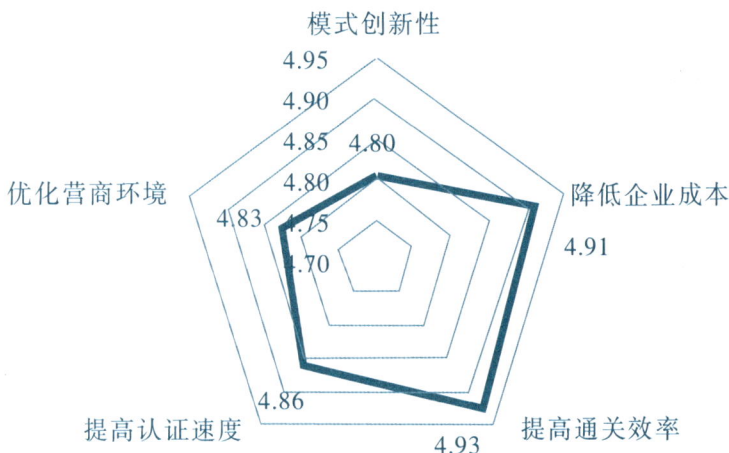

图2-4　企业合规管理辅导员制度和认证培育绿色通道制度创新性专家评分

2.4　创新成效评估

主要创新成效

◇ 解决关企信息不对称的突出问题。海关通过各种渠道主动宣传推介便捷通关措施，但仍有很多企业对这些政策不甚了解或一知半解，而且还存在企业发展中针对个性化需求、转型中的困难不知找哪个部门解决等问题，导致企业面临好的政策与实践中具体需求脱节的现象时有发生。因此，在海关与企业之间搭建一个有效的沟通交流平台尤为重要。企业辅导员制度恰好可以弥补这一不足，通过辅导、指导企业规范管理，用好用足国家政策。

◇ 整合海关多种服务力量。长期以来，海关为了更好地支持和服务地方经济发展，建立了包含直属海关、隶属海关、海关内部不同业务条线的多层面、多方式关企交流渠道，如关长接待日制度、通关咨询中心、12360海关热线，在海关监管、关税、加工贸易、归类等内部建立关企沟通渠道等。企业合规管理辅导员制度和认证培育绿色通道制度可以有效整合海关现有的服务职能，提高效率。

◇ 满足企业合规发展的需求。在全社会大力创建诚信体系的大趋势下，企业对合规管理越来越重视，对合规发展的内在需求越来越强烈。由于合规管理涉及海关的规章制度门类多、数量多、更新快，企业要想在短时间内做到心中有数、了如指掌，急需海关"专家"的指导和帮助。海关辅导员的职责之一就是向广大企业宣讲政策，对具体企业进行有针对性的指导，帮助企业合规管理。

◇ 适应海关精准服务的要求。不同企业、不同行业、不同区域环境对海关有不同的需求，需要海关进行精确识别、精准施策，进而进行分类指导、量体裁衣、精准服务。企业合规管理辅导员制度和认证培育绿色通道制度通过为企业配备服务专员，对具体企业进行长期跟踪、调研、服务，为企业把脉问诊、全面体检，有的放矢地提供个性化的精准服务。

◇ 落实好"管好企业"的要求。"由企及物"的管理理念就是以企业为管理单元，对企业做到心中有数，形成对企业风险的总体把控，即对每一家企业的经营风险、资信状况做到全面、整体了解。实行企业合规管理辅导员制度和认证培育绿色通道制度，可以通过辅导员直接联系企业、走进车间，搜集掌握生产信息、财务状况、用工用电变化等有价值的信息，以及时发现苗头性问题，进行督促纠正，进而有效防范监管。

企业合规管理辅导员制度和认证培育绿色通道制度主要创新成效如图 2-5 所示。

图 2-5 企业合规管理辅导员制度和认证培育绿色通道制度主要创新成效

2.5　风险评估及防控措施

风险评估

　　虽然企业合规管理辅导员制度和认证培育绿色通道制度根据海关内部不同业务线条分类对企业进行辅导，但是由于企业面临的问题具有不确定性以及政策变化的动态性，还是存在无法全面解决企业涉及的所有问题的风险。

　　◇ 提高辅导人员队伍素质。辅导员首先应当符合"忠诚、干净、担当"的要求和政治思想硬、业务水平高、协调能力强、纪律作风好的标准。另外，要具备至少两个以上业务岗位的工作经验和较强的工作能力。

　　◇ 建立动态调整机制。根据关区人员交流和关内岗位交流，每年对辅导员队伍进行调整，存在监管失职和廉政问题的辅导员不再担任此职务。

　　◇ 加强辅导员学习培训。每年年初对新辅导员进行集中培训，根据海关法律法规的调整，进行定期集中学习，以保持知识体系的及时更新。

　　企业合规管理辅导员制度和认证培育绿色通道制度风险防控措施如图2-6所示。

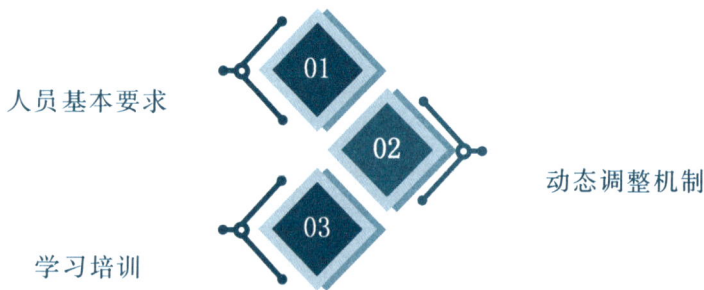

图2-6　企业合规管理辅导员制度和认证培育绿色通道制度风险防控措施

2.6 复制推广评估

复制推广价值

　　企业合规管理辅导员制度和认证培育绿色通道制度的实施，推动了企业合规管理和信用体系建设，有利于营造诚信守法、便利和关企合作和谐共赢的局面，可以有效提高企业竞争力、影响力和品牌形象，为经济社会发展做出新贡献。

复制推广所需条件

　　海关企业合规管理辅导员制度和认证培育绿色通道制度复制推广所需条件：一是进出口企业意识到海关辅导和信用等级的重要性，并有进行海关辅导的需求；二是海关辅导员队伍有能力解决企业面临的通关难题。具备以上两方面条件，该项制度就可以在全国推广应用。企业合规管理辅导员制度和认证培育绿色通道制度复制推广所需条件如图 2-7 所示。

企业方面　＜　复制推广所需条件　＞　海关方面

图 2-7　企业合规管理辅导员制度和认证培育绿色通道制度复制推广所需条件

3 创新案例三："监管流程再造+共同检验"制度支持大型出口成品油企业便捷通关

3.1 案例概况

案例描述

近年来由于内需乏力，国家加大了成品油的出口力度，出口量逐年大幅增加，我国成品油出口对全球成品油贸易格局的影响也不断加深。与此同时，成品油生产企业对于出口环节提升检验监管效能、降低制度性成本、提高便利化水平的要求也越来越高。大窑湾出入境检验检疫局贯彻落实"放管服"改革，经过对辖区内大型出口成品油企业大连西太平洋石油化工有限公司进行深入调查研究和风险评估，优化检验监管业务流程，大大提升了其产品通关效率。即通过建立智能化监管系统，依规依企施策，逐步形成"监管流程再造+共同检验"监管模式，有效支持了大型出口成品油企业的便捷通关，助力大连港打造成为国际原油中转"原来原转"的国内知名服务品牌，促进了辽宁自贸试验区大连片区内大型出口成品油企业的持续发展。

实施步骤

◇ 应用"液体产品计量业务管理系统"，实现油品检验鉴定监管信息化在线全覆盖。在油品储运过程中，受油品挥发、挂壁、计量交接误差等因素影响，损耗不可避免。大窑湾出入境检验检疫局在原有

"计量基本信息库"基础上,以"油品计量管理系统"和"油品库存监管系统"为核心,辅以"储罐液位监控系统"和"港口作业信息交换系统",以法定手工检测为基准,实时电子检测为参照,应用数据库技术和信息交换技术,开发出了"液体产品计量业务管理系统",确保油品损耗稳定控制在1‰以内,远低于国内港口原油中转损耗的行业标准(3‰)。目前,该系统已覆盖了大窑湾口岸分属国家储备库、油品码头、中石油商储库、中石油保税库、大连石化、西太平洋石化、北良码头等企业的190个原油储罐和118个成品及半成品储罐,实现了对所有库区出入库计量、保税监管和库存管理的全天候动态监控和闭环管理。

◇ 与高诚信大型企业签署联合检验备忘录,建立"共同检验"工作机制。大窑湾出入境检验检疫局充分发挥高诚信大型企业实验室质控能力,启动企业"备案实验室"建设,指导并推进了西太平洋石化实验室建设与CNAS认证工作。通过指导企业购进先进的分析仪器、完善管理制度、提高分析人员业务能力等途经,使企业产品质量分析水平不断提高,实验室整体管理的标准化、规范化和精细化能力大幅提升。2017年6月16日,西太平洋石化实验室一次性通过CNAS认证,其中共有52项检测标准获得认证通过。在企业内控环节完善、产品质量稳定的基础上,与企业签署了"联合检验备忘录",建立出口成品油品质"共同检验"新模式与工作机制,即对企业实验室检验能力进行监控、与企业共同实施出口成品油的品质检测,实现品质采信、结果互认、"一次出证、一次检验"、即验即放,进一步提高了企业通关效率。

◇ 优化监管业务流程。针对出口成品油船次多、单批数量小以及本地报检异地报关的业务特点,在"液体产品计量业务管理系统"与"共同检验"工作机制支撑下,改变原来封罐、采样、检验、发证放行业务流程,实行预检验与品质检验后置制度。企业可根据鉴定结果,一次完成申请报检,不必多次往返进行数据修改;品质检验后置即以高诚信企业自律为基础,实现船舶到港即可靠泊、装船,在船舶到达交货港口前,完成质量检验并出具证书(如

图 3-1 所示）。

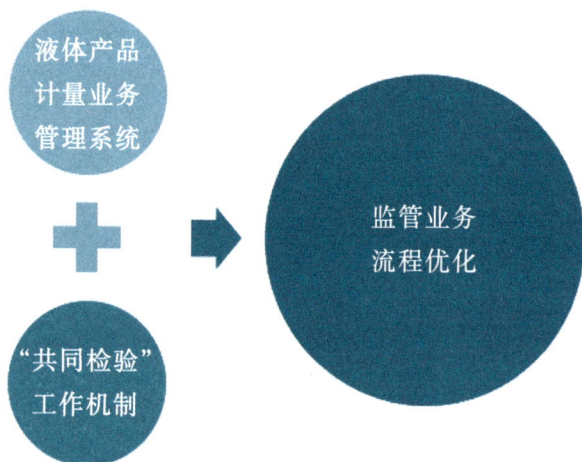

图 3-1　"监管流程再造+共同检验"制度支持大型出口成品油企业便捷通关
工作新模式的实施步骤

实施效果

　　"监管流程再造+共同检验"制度支持大型出口成品油企业便捷通关的工作新模式，将重量鉴定工作前置，企业根据鉴定结果，正式向海关申请报检，而不必多次往返进行数据修改，提升了通关速度。品质检验后置是建立在企业内控环节完善、产品质量稳定的基础上，通过与企业建立共同检验监管模式，实现检验结束即出证（重量证、品质证、提单）的即验即放、"零"延迟，可压缩流程时长 3~4 天，减少出口货物在储罐的放置时间 1~2 天，既提高储罐运作效率，避免产品堵库及出现生产波动，减少安全隐患，又提高放行效率，减少船舶到港的等待时间。与常规检验模式相比，"监管流程再造+共同检验"制度支持大型出口成品油企业便捷通关的工作新模式，能够在保障国门安全的情况下，大幅提升企业通关速度，同时每年可为企业节省 100 多万美元。

3.2 评估方法

"监管流程再造+共同检验"制度支持大型出口成品油企业便捷
通关工作新模式的评估方法如图3-2所示。

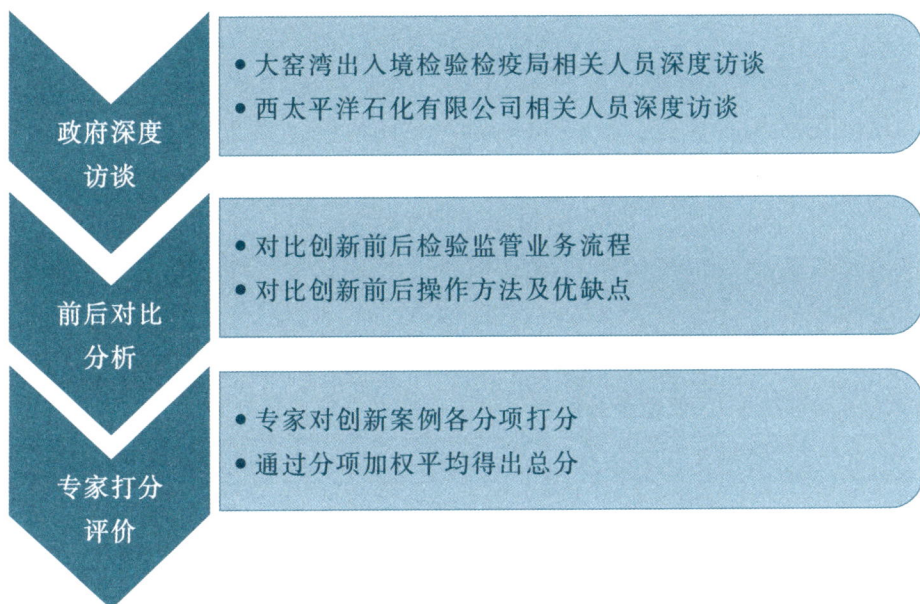

政府深度访谈
- 大窑湾出入境检验检疫局相关人员深度访谈
- 西太平洋石化有限公司相关人员深度访谈

前后对比分析
- 对比创新前后检验监管业务流程
- 对比创新前后操作方法及优缺点

专家打分评价
- 专家对创新案例各分项打分
- 通过分项加权平均得出总分

**图3-2   "监管流程再造+共同检验"制度支持大型出口成品油企业便捷通关
工作新模式的评估方法**

◇ 深度访谈法。与大窑湾出入境检验检疫局、大连西太平洋石
油化工有限公司相关人员进行深度访谈，了解"监管流程再造+共同
检验"制度支持大型出口成品油企业便捷通关工作新模式的实施步
骤、成效等相关内容。

◇ 比较分析法。将"监管流程再造+共同检验"制度支持大型出
口成品油企业便捷通关的工作新模式与传统检验监管业务流程进行比
较，通过两种模式、实施步骤优缺点比较，评价新检验监管业务流程
的创新性。

◇ 专家打分法。对各创新分项进行专家打分，通过加权平均法
计算总分，分项和总分均以5分为满分。

3.3　创新性评估

前后对比维度

　　大窑湾出入境检验检疫局应用"液体产品计量业务管理系统"、与高诚信大型企业建立"共同检验"工作机制，实现检验监管流程再造，在提升检验监管效能的同时，节约了企业合规成本与时间，并促进了企业提质增效。与传统检验监管模式相比，"监管流程再造+共同检验"制度支持大型出口成品油企业便捷通关的工作新模式，具有显著的创新优势（见表3-1）。

表3-1　　　"监管流程再造+共同检验"制度支持大型出口
成品油企业便捷通关工作模式创新前后对比

工作模式创新前		工作模式创新后	
模式	◇企业需先向海关提交重量数据进行预报关，检验后再按照准确重量数据正式申请报关 ◇缺点：企业人员因数据修改而多次往返报关报检地，耗时耗力 ◇封罐、采样、检验、发证放行 ◇缺点：受封罐采样后2~3天检验周期影响，企业需增购储油罐数量，增加成本；若装货货船到港，受检验周期影响未完成检验和出证，将增加企业船舶滞期费	模式	◇预检验制度，即将重量鉴定工作前置 ◇"共同检验"实现品质检验后置 ◇优点：优化检验监管业务流程，提升检验监管效能，节约企业合规成本与时间，促进企业提质增效
实施步骤	◇预报关→重量检验→正式报关 ◇缺点：多次报关，耗时耗力 ◇封罐→采样→检验→发证 ◇缺点：监管效能低；耗费企业人力物力，增加成本	实施步骤	◇"液体产品计量业务管理系统"应用及油品检验鉴定监管信息化在线全覆盖 ◇优点：通过实时监控，实现控制精、计得准，使企业做到交得准；有效解决了报关报检不在同一地点的形式出口问题 ◇指导并推进高诚信企业建立企业实验室并通过CNAS认证；与企业签订"联合检验备忘录"，实行"共同检验" ◇优点：减少企业油罐建设费，实现船舶到港即可靠泊、装船；货到交货港卸船后即可与买方结算

企业感知维度

通过与企业深度访谈,企业对"监管流程再造+共同检验"制度支持大型出口成品油企业便捷通关的工作新模式具有较高的认可度。其中,依托"液体产品计量业务管理系统"和油品检验鉴定监管信息化的在线全覆盖,大窑湾出入境检验检疫局实施的预检验制度,即将重量鉴定工作前置,通过控制精、计得准,使企业实现交得清,部分成品油出口企业甚至出现了库存盘盈的情况,同时有效助力了大连港在业内树立大码头、高效率、低损耗的原油中转服务品牌。大窑湾出入境检验检疫局助推西太平洋石油化工有限公司实验室建设以及CNAS认证工作,并与西太平洋石化签署了联合检验备忘录,建立"共同检验"工作机制,使得以高诚信企业自律为基础的品质检验后置创新举措得以实施,有效提升了企业通关效率,减少了企业装船前等待时间,为企业节约了数百万元的滞港费和油罐建设费,扭转了西太平洋石化有限公司自建成第2个月以来的长期亏损局面,其中2017年11月份单月实现利润超过4亿元,创投产以来最好业绩。

专家评价维度

"监管流程再造+共同检验"制度支持大型出口成品油企业便捷通关的工作新模式,实现了监管系统智能化,依规依企施策,品质采信、结果互认、"一次检验、一次出证",极大地提高了大型出口成品油企业的通关效率,提升了贸易便利化水平,为企业节约了合规成本和时间,实现了提质增效。专家对该案例工作模式创新性打分4.89,降低企业成本打分4.90,提高通关效率打分4.91,提升港口竞争力打分4.88,带动产业发展打分4.87,案例创新性综合评价得分4.89(如图3-3所示)。"监管流程再造+共同检验"制度支持大型出口成品油企业便捷通关工作新模式的创新性显著。

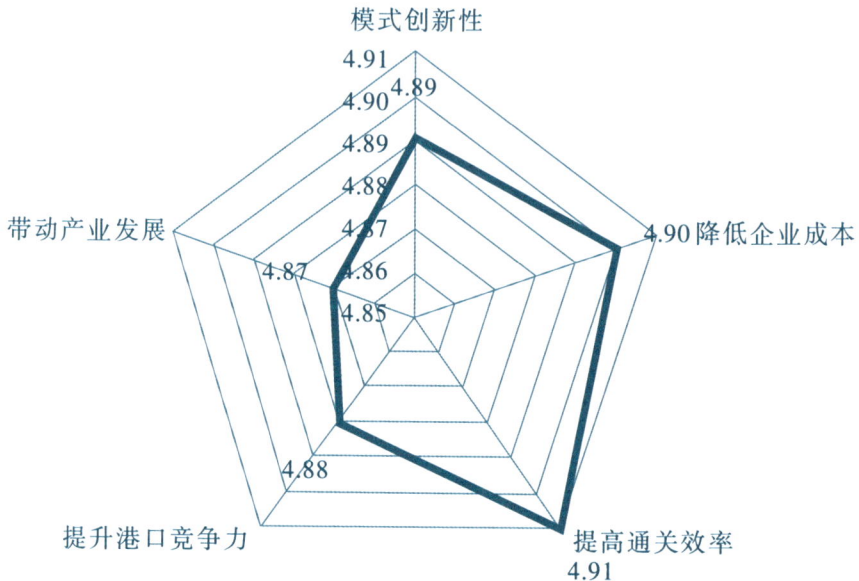

图3-3　"监管流程再造+共同检验"制度支持大型出口成品油企业便捷通关
工作新模式的创新性专家评分

3.4　创新成效评估

◇ **提升检验监管效能**

通过"液体产品计量业务管理系统"的运用，实现了从结果管理到过程监控的转变，创新建立了一种规范、优质、高效的检验监管新模式，既提升了监管部门履职能力，又有效助力大连港原油中转损耗率平均保持在0.5‰以内，远低于国内3‰的行业标准，在业内首屈一指。例如，按目前原油价格计算，企业平均每转运100万吨原油，就能减少2 500吨原油损失，可为企业节省约250万元人民币。另一方面，通过全程监控计量过程，按存储库区、贸易方式、货权归属分门别类，即时更新检查入库、罐存、管系存量、出库数据，实现一库一账、一船一清、一油一档、进存销数据一目了然、综合核算储运损耗、及时发现计量问题，有效降低了计量风险，杜绝了计量事故。而且该系统已在曹妃甸口岸推广使用，取得了可观的经济效益和社会影响，有效推动了能源口岸的健康快速发展。

◇ 节约企业合规成本和时间

通过信息智能化系统的应用，全面规范并简化了计量、拟证、出证、统计等业务环节，使每船检验鉴定时间缩短2~3小时。在过去的2年中共计完成进口原油749船次，重量6 504.84万吨，出口成品油691船次，重量878.46万吨，倒油倒罐近万次，为企业节省工作时间约8 000小时，节约资金近千万元人民币。其中，重量鉴定前置措施，有效减少了企业因数据修改的多次往返，每年为企业节省工作时间约30天；品质检验后置措施，为企业减少装船前的等待时间，每年可为企业节约数百万元滞港费用。

◇ 促进企业提质增效

为落实国家油品升级要求，大窑湾出入境检验检疫局与西太平洋石化签署了"联合检验备忘录"。在大窑湾出入境检验检疫局指导下，西太平洋石化开展了多次质量提升专项整治行动，建立健全了长效监管机制，以高标准引领产品质量提升。投资建设高水平实验室，并取得了CNAS认证，为产品质量提供有效技术支撑。经过一年多的升级改造，该企业的产品质量大幅提升，其中汽、柴油产品质量均达到国V标准和欧盟相关标准，聚丙烯、硫磺、航空煤油、重交沥青等被评为辽宁省、大连市名牌产品，产品质量合格率达到了100%。目前，该企业已建有18套主体生产加工装置，形成系列无铅汽油、轻质柴油、航空煤油、石脑油、液化气、聚丙烯、燃料油等十多个种类、三十多个牌号产品的生产能力。

3.5　风险评估及防控措施

"监管流程再造+共同检验"制度支持大型出口成品油企业便捷通关的工作新模式，是建立在企业承担质量管理主体责任，企业内控环节完善，产品质量稳定的基础上，检验检疫部门承担"共同检验"管理工作，即对企业资质和认证材料进行认定与管理，对企业检测工作进行监督和管理，指导并参与企业日常检测工作。目前来看，尚未发现明确风险，但对相关部门政策的把握度和操作规范性上有较高要求。

3.6　复制推广评估

◇ 复制推广价值

"监管流程再造+共同检验"制度支持大型出口成品油企业便捷通关的工作新模式促进检验检疫向精细化监管转变，提升检验监管效能，提高贸易便利化水平，具有较大的应用推广价值，可在全国口岸复制推广。

◇ 复制推广所需条件

"监管流程再造+共同检验"制度支持大型出口成品油企业便捷通关的工作新模式复制推广需要两方面条件。一是升级现有"液体产品计量业务管理系统"，实现云端数据存储，进行全国口岸联网；二是在企业内控环节完善，产品质量稳定的基础上，建立出口液体产品品质"共同检验"新模式，即由企业与检验检疫机构共同实施出口液体产品的品质检测，实现品质采信、结果互认、即验即放。

4 创新案例四：企业注册"集中登记场所管理"制度

4.1 案例概况

"集中登记场所管理"制度，是指通过服务外包形式委托律师事务所等机构（以下简称管理机构）进行管理，为入驻企业在中国（辽宁）自贸试验区大连片区（保税区内）注册登记后提供日常管理服务和法律咨询等服务；区内税务、环保、规划、建设、安监、经发等部门可通过"集中登记场所管理"平台实时完成指定市场主体的业务信息管理。

"集中登记场所"是指由大连保税区管委会提供的，作为企业进行注册登记的特定场所，并无须再行分割房屋室号。"集中登记场所"作为入驻企业住所，仅用于快速登记，不作为入驻企业生产、加工场所。

4.2 评估方法

◇ 深度访谈法。多次重点对中国（辽宁）自由贸易试验区大连片区的相关部门和前来办事的企业进行深度访谈，了解"集中登记场所管理"制度模式的创新内容，以及创新后企业的满意度，并收集相关资料和案例素材。

◇ 对比分析法。将创新前后两种模式，与其他地区同种模式的操作方法及其优缺点进行比较，分析"集中登记场所管理"制度的创新性。

◇ 专家评价法。邀请行政管理领域的专家对"集中登记场所管理"制度的创新性和推广难易度进行打分评价。

4.3　创新性评估

创新亮点

　　"集中登记场所管理"制度的创新亮点主要体现在委托律师事务所规范管理企业集中登记、构建"集中登记场所"数据平台和建立联络员制度三个方面（如图4-1所示）。

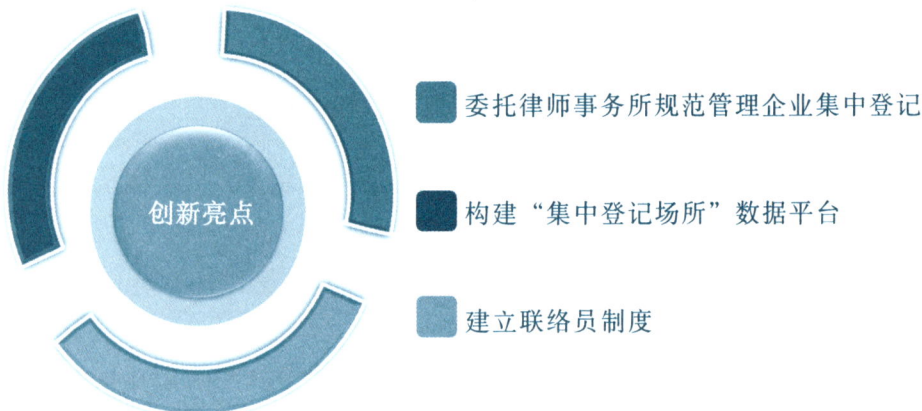

委托律师事务所规范管理企业集中登记

构建"集中登记场所"数据平台

建立联络员制度

创新亮点

图4-1　"集中登记场所管理"制度的创新亮点

　　◇ 委托律师事务所规范管理企业集中登记。大连片区通过外包形式，委托律师事务所为入驻企业开展集中登记服务和法律法规咨询等服务，并对集中登记场所进行日常管理。按照该办法，律师事务所将为企业提供集中登记场所证明，帮助企业入驻。由律师事务所开展集中登记工作，能够在为入驻企业提供法律服务的同时，让不法分子没有漏洞可钻，可有效防范各类金融风险的出现，保证企业准入既"放得开"又"管得好"。

　　◇ 构建"集中登记场所"数据平台。依托"大连自贸试验片区管委会协同办公系统"平台，申请人在申请企业名称核准的同时，可同时申请"集中登记场所"的使用。平台对使用"集中登记场所"的企业数据进行登记、数据分析处理，并推送给区内税务、环保、规划、建设、安监、经发等部门。

◇ 建立联络员制度。指派专门的联络员，负责定时与入驻企业联络，及时向政府监管部门报告联系异常企业，防止"联系异常"企业出现。

专家评价维度

针对三个创新亮点，对比原有措施，利用专家评价法，以"是否为国内领先做法""对原有做法改进幅度""功能性增强幅度""流程优化效果""满足企业要求程度"为指标，1～5的分值表示从"非常不同意"向"非常同意"依次渐进，请5位专家按照实际情况打分，取平均分为最终的专家评价分值。通过专家评价，三个创新点分别得到4.7分、4.4分和4.5分，创新性较高（见表4-1）。

表4-1　　　　　　　　创新模式前后对比

创新前		创新后		创新点	专家评价
模式	申请人在企业名称核准后，再与租赁方签订租赁合同，缴纳房屋租赁费用。注册时提供租赁合同以及租赁方产权证复印件等住所证明	模式	由管委会提供集中登记场所，委托律师事务所为入驻企业开展集中登记服务和法律法规咨询等服务，并对集中登记场所进行日常管理	◇委托律师事务所规范管理企业集中登记	4.7分
				◇构建"集中登记场所"数据平台	4.4分
缺点	企业创办的成本高、时间长，不能有效进行管理	优点	△提高了政府资源的利用率 △管理规范化 △有效避免虚开增值税发票的情况发生	◇建立联络员制度	4.5分

4.4　创新成效评估

2018年1月1日到2018年4月16日期间，申请使用"集中登记场所"注册登记的企业357户，建立企业档案335户，企业信息已核验306户。

2018年3月20日，申请人李景生，在申请企业名称核准的同时申请了"集中登记场所"的使用，管理机构对该申请人和投资人进行了信用核实；李景生所申请的"大连新域汽车贸易有限公司"名称审核获得通过，"集中登记场所"的使用也获得通过，仅用时30分钟。

与以往不同的是，企业在使用"集中登记场所"注册登记时，住所证明只需提供"集中登记场所"确认单即可，大大节约了办理注册登记的时间。

4.5　风险评估及防控措施

风险评估

◇ "一址多照"：能否满足办公要求。由片区管委会提供的集中登记场所能否满足每一家企业的办公要求。

◇ "一照多址"：如何对同一企业的不同办公场所进行管理。同一企业可能在不同的区域设置多个办公场所，这就面临如何进行有效管理的问题。

防范措施

◇ 规范办公场所。确保管委会提供的办公场所符合相关法律法规的规定，保证各种法律文书能够及时送到各个企业的手中。

◇ 对同一企业的不同办公场所进行统一管理。不同的办公场所在管理上容易出现问题，因此把在不同区域设置的办公场所指定一个区域进行统一管理，可以有效规避这种风险。

4.6 复制推广评估

◇ **复制推广价值**

这项制度的实施节省了企业办理注册登记的时间，方便了企业，更重要的是切实落实了"一照多址"的有关规定，极大地降低了初创企业的成本，破解了创业场地的资源瓶颈。这项制度有效降低了各类金融风险，对有效解决企业准入"宽进"和"严管"之间的矛盾具有重要意义。

◇ **复制推广评估**

为评价其推广难易度，仍利用专家评价法，以"推广价值大小""实施壁垒高低""推广条件的可获性"为指标，1～5 的分值表示从"非常不同意"向"非常同意"依次渐进，请 5 位专家按照实际情况打分，取平均分为最终的专家评价分值，得分越高表示越容易推广。经专家评价，推广难易度得分为 4.4 分，为易推广（见表 4-2）。

表 4-2   复制推广评估

推广价值	推广条件	推广难易度
◇提高政府资源利用率 ◇节约企业办理注册时间 ◇有效降低金融诈骗的风险	◇配套的管理系统 ◇规范的办公场所 ◇相关的制度保证	4.4 分（易推广）

5 创新案例五：告知承诺制——行政审批新机制

5.1 案例概况

告知承诺制，是指公民、法人或者其他组织提出行政审批申请，行政审批机关一次告知其审批条件和需要提交的材料，申请人以书面形式承诺其符合审批条件，并能够按照承诺在规定期限内提交材料的，由行政审批机关以申请人的承诺材料代替指定要件做出行政审批决定的方式。告知承诺制审批模式强调宽进严管，改变了传统重审批、轻监管的审批模式，形成了宽进严管、相互监督、相互制约的新管理模式。

5.2 评估方法

◇ 政府部门访谈。与大连保税区行政服务中心及相关企业的工作人员进行深度访谈，了解告知承诺制举措的主要创新内容，以及通过这项创新项目受益企业的切身感受。

◇ 比较分析法。将创新前后两种模式、操作方法及其优缺点进行比较分析，告知承诺制的创新性。

◇ 专家评价法。邀请行政管理和企业管理等领域的专家，对告知承诺制的创新性进行打分评价。

5.3 创新性评估

创新亮点

如图5-1所示，告知承诺制的创新亮点主要体现在"并联审批、一次性通过"、"先批后审、简政放权"以及"优化流程、透明公正"三个方面。

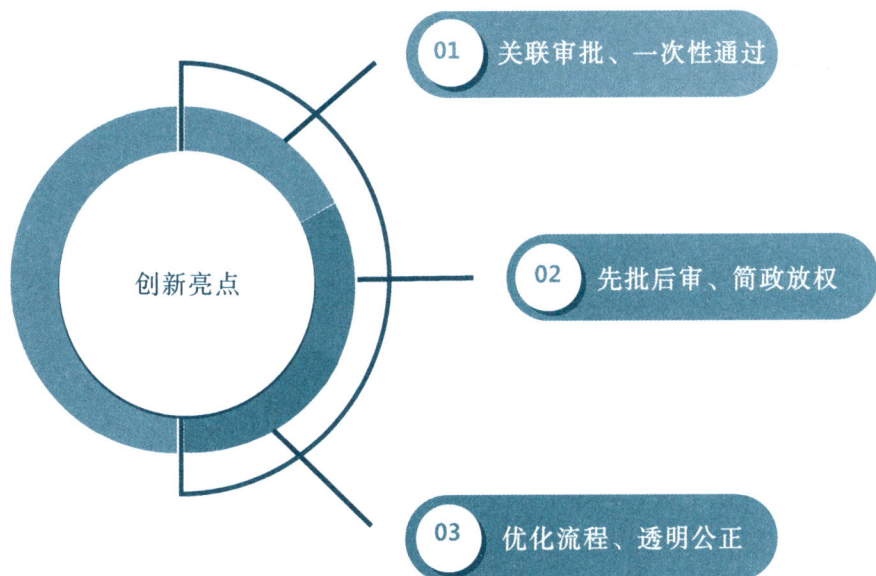

01 关联审批、一次性通过

创新亮点

02 先批后审、简政放权

03 优化流程、透明公正

图5-1 告知承诺制的创新亮点

◇ 并联审批、一次性通过。一种要件只需提交一次。例如，备案类工程项目有21个具体审批事项，按照传统单项审批，申请书需要提交21次，企业的营业执照需要提交15次，立项文件提交4次。但是在并联审批系统中，只需提交一次总的项目申请，营业执照和立项文件不需要企业准备，由并联审批系统自动提交。

◇ 先批后审、简政放权。与传统的审批模式相比，告知承诺制审批模式简化了审批手续，提高了审批效率，这一模式让申请人可以快速获得审批，投入生产。这一举措改变了以往的办理模式，由原来的事前实质性审查改为形式性审查，事前人工审查改为电子化审查，实现快速准入，大大提高了办事效率。实行告知承诺制后的并联审批，备案类最快只需22个工作日就可完成审批。

◇ 优化流程，透明公正。并联审批制度规定各审批部门需将行政审批事项的法律法规依据、需具备的法定条件、需提交的申请材料、承诺办理时限、收费标准及收费依据等与行政审批有关的详细信息通过印制办事指南、网络、办证大厅公布等方式向社会公众发布，让申请人能够通过便捷的方式获取信息。

前后对比维度

模式创新前后对比见表 5-1。

表 5-1　　　　　　　　模式创新前后对比

	模式创新前		模式创新后	创新点	专家评价
模式	◇重审批、轻监管 ◇缺点：事前人工实质性审查，要件需要多次审核，流程烦琐，耗时长，正式投入生产慢	模式	◇宽进严管、相互监督、相互制约 ◇事前形式化审查，要件只需一次性审核，流程简便，耗时短，可以快速投入生产		
操作方法	◇每个审批事项单项审批，申请书需要提交 21 次，企业的营业执照需要提交 15 次，立项文件提交 4 次 ◇全部审批合格后才可以投入生产 ◇缺点：审批过程烦琐，需要企业多次往返，耗费了大量的时间和人力，审批效率低	操作方法	◇行政审批机关收到申请后，制作告知承诺书 ◇申请人收到行政审批机关的告知承诺书，在被告知的期限内填写申请人基本信息，并做出确认和承诺 ◇申请人按期履行 ◇优点：通过承诺，提前一次性获得审批，可以节约大量时间，尽快投入生产	◇并联审批、一次性通过 ◇先批后审、简政放权 ◇优化流程、透明公正	4.5 分 3.8 分 4.2 分

专家评价维度

针对三个创新亮点，对比原有措施，利用专家评价法，以"是否为国内领先做法""对原有做法改进幅度""功能性增强幅度""流程优化效果""满足企业要求程度"为指标，1~5的分值表示从"非常不同意"向"非常同意"依次渐进，请5位专家按照实际情况打分，取平均分为最终的专家评价分值。通过专家评价，三个创新点分别得4.5分、3.8分和4.2分，创新性较高（见表5-1）。

5.4 创新成效评估

主要创新成效

◇ 优化流程、快速通过。行政审批模式创新后，企业可以通过承诺的方式快速通过审核，在后续过程中完成具体的审核项目，实现快速准入，大幅提高办事效率。

◇ 节约时间，提高效率。与传统的审批模式相比，告知承诺制审批模式简化了审批手续，提高了审批效率，让申请人可以快速取得审批，并投入生产获利。这一举措改变了以往的办理模式，由原来的事前实质性审查改为形式性审查，事前人工审查改为电子化审查。

◇ 公正公开，服务周到。项目推进单位负责对申请人进行全方位的辅导和跟进；各相关审批部门会按照系统提示，主动联系申请人，对具体审批事项进行答疑；行政服务中心有专人帮助输入系统，还会适时提醒申请人启动相应的中介服务项目。

5.5 风险评估及防控措施

该模式存在着企业不兑现承诺的风险。针对这一风险，可以采用承诺不兑现不可拿走施工许可的应对方式，并且将其行为记入诚信档案中。

5.6 复制推广评估

◇ **复制推广价值**

告知承诺制改变了传统行政审批的单向权力支配关系，将行政审批部门和申请人的关系调整为合作和互动关系，审批部门不再高高在上，而是同项目申请人一样，成为平等的民事责任主体，这对政府转变职能是一种积极的尝试，具有很好的复制推广价值。

◇ **复制推广所需条件**

如图 5-2 所示，告知承诺制复制推广需要具备两个条件：建设"企业诚信平台"、建设"事中事后监管平台"。

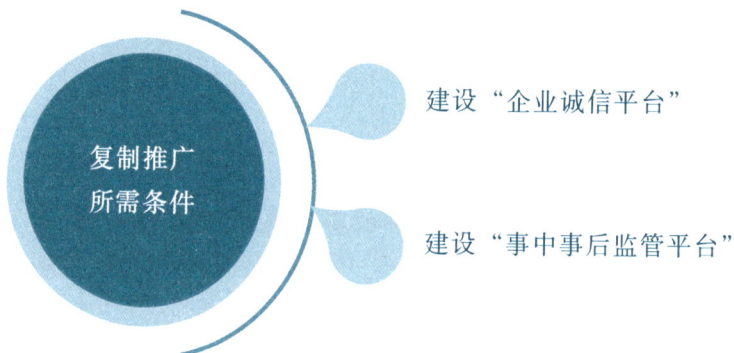

图 5-2 复制推广所需条件

（1）建设"企业诚信平台"。为了做好告知承诺制复制推广工作，需要加快"企业诚信平台"建设，及时记录不诚信企业相关信息，促进企业诚信经营。

（2）建设"事中事后监管平台"。告知承诺制运行得好不好，取决于各部门的事中事后监管工作。因此，各职能部门应该以服务企业为中心，将工作重心转移到事中事后监管工作上来。

6 创新案例六：无偿提供项目用地实测地形图

6.1 案例概况

无偿提供项目用地实测地形图，是指为中国（辽宁）自贸试验区大连片区（保税区范围内）建设工程项目无偿提供1∶500实测地形图（含现状市政管网勘测）。项目类型包括工业、仓储、商业、居住以及基础设施等。委托通过招投标选定的协作单位测绘项目及周边区域的地形图，所需费用纳入规划土地和房屋局年度预算中由政府统一支付。在企业摘牌前即可取得地形等详细资料，节省了企业委托测绘、根据测绘结果研判地块基本情况的准备时间，同时也节约了前期工作成本。

6.2 评估方法

◇ 政府部门访谈。2018年4月，多次重点对保税区规划局的相关部门进行访谈，深入了解推出"无偿提供项目用地实测地形图"措施的背景、目标、创新内容及操作细则，从宏观层面了解落实效果，并收集相关资料和案例素材。

◇ 对比分析法。将创新前后两种模式、操作方法及其优缺点进行比较，分析无偿提供项目用地实测地形图的创新性。

◇ 专家评价法。邀请行政管理领域的专家，对无偿提供项目用地实测地形图的创新性和推广难易度进行打分评价。

6.3   创新性评估

创新亮点

"无偿提供项目用地实测地形图"措施的创新亮点主要体现在公开招标测绘公司和无偿为企业提供测绘图两个方面（如图6-1、表6-1所示）。

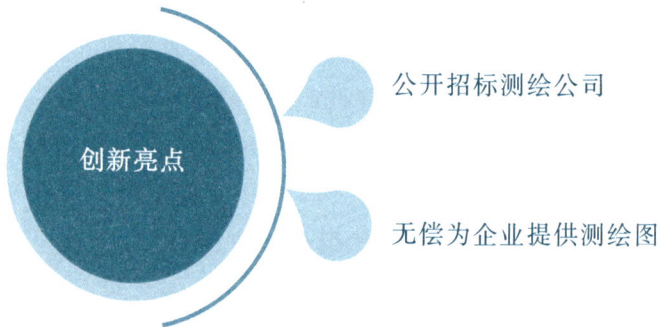

公开招标测绘公司

无偿为企业提供测绘图

图6-1   "无偿提供项目用地实测地形图"措施的创新亮点

表6-1   创新模式前后对比

	创新前		创新后	创新点	专家评价
模式	企业需在摘牌后确定取得该土地使用权的情况下，方可以自行委托测绘部门进行地形测绘	模式	委托测绘项目及周边区域的地形图，所需费用纳入规划土地和房屋局年度预算中由政府统一支付。在企业摘牌前即可取得地形等详细资料	◇公开招标测绘公司 ◇无偿为企业提供测绘图	4分 4.4分
缺点	企业花费寻找测绘公司的时间长，且费用较高	优点	△ 提高了行政服务效率 △ 节约了时间成本		

◇ 公开招标测绘公司。保税区管委会定期公开对1：500实测地

形图进行公开招标，从投标公司中选取了3家，委托其测绘项目及周边区域的地形图。通过招标方式，既可以节省企业寻找测绘公司的时间，又可以获得较低的测绘成本。

　　◇　无偿为企业提供测绘图。按照传统审批做法，企业应在报审建设用地规划手续时提供带地形图的规划设计图纸。企业需在摘牌后确定取得该土地使用权的情况下，方可以委托测绘部门进行地形测绘。模式创新后，企业在摘牌前便可获取政府主动免费提供的测绘图，准备工作得以提前。

专家评价维度

　　针对两个创新亮点，对比原有措施，利用专家评价法，以"是否为国内领先做法""对原有做法改进幅度""功能性增强幅度""流程优化效果""满足企业要求程度"为指标，1～5的分值表示从"非常不同意"向"非常同意"依次渐进，请5位专家按照实际情况打分，取平均分为最终的专家评价分值。通过专家评价，两个创新点分别得4分和4.4分，创新性较高。

6.4　创新成效评估

　　截至2017年年底，保税区规划局共计测绘了78个图幅，约5平方公里，为13个项目无偿提供了实测地形图。该举措不仅为企业节省了委托测绘成本，而且缩短了建设工程项目办理前期手续时间（每个项目为企业节省至少7个工作日），减轻了企业负担，规范了地形图管理，为营造良好的营商环境做出了贡献。

　　从企业访谈来看，企业对这一创新措施满意度达到100%，普遍认为达到了节省资金和时间成本的效果。

6.5　风险评估及防控措施

　　由政府专业部门招标测绘公司，相对于传统做法更便于管理，此创新措施无风险。

6.6　复制推广评估

◇ 复制推广价值

保税区规划局无偿提供项目用地实测地形图为企业节约了时间成本和测绘成本，提高了行政审批效率，对优化营商环境具有重要意义。

◇ 复制推广评估

为评价其推广难易度，仍利用专家评价法，以"推广价值大小""实施壁垒高低""推广条件的可获性"为指标，1~5的分值表示从"非常不同意"向"非常同意"依次渐进，请5位专家按照实际情况打分，取平均分为最终的专家评价分值，得分越高表示越容易推广。经专家评价，推广难易度得分为4.2分，为易推广（见表6-2）。

表6-2　　　　　　　　　　复制推广评估

推广价值	推广条件	推广难易度
◇节省企业资金成本 ◇节约企业时间成本	◇政府统一支付	4.2分（易推广）

7 创新案例七：邮轮食品供应检疫无纸化监管模式

7.1 案例概况

创新背景

　　跨境邮轮项目已成为海滨城市新兴的旅游娱乐服务项目。随着大连港老港区国际邮轮中心和邮轮母港建设的快速推进，近年来大连港出入境邮轮艘次大幅增长。由于邮轮靠港时间短，需要供应的食品品种多、数量大、质量要求高，邮轮食品供应的卫生监管与服务成为口岸检验检疫机构面临的崭新课题。邮轮食品供应检验检疫效率、服务水平直接影响到各国邮轮经营企业的靠岸选择，从而成为口岸城市营商环境水平的重要体现。基于这一背景，大连出入境检验检疫局根据自贸试验区制度创新要求和市场逐渐显露的典型需求，推出邮轮食品供应检疫无纸化监管模式，将远程实时监控、二维码识别等信息化手段用于邮轮食品供应的直通放行，利用科技手段在传统放行模式上取得突破，减轻邮轮经营企业经济负担的同时，有效地规避了食品安全风险，大幅提高检验检疫工作效率。

创新过程

　　2015年，大连出入境检验检疫局开发完成并试运行"口岸食品、饮用水供应卫生监督可视化管理系统"。2016年，该系统开始在邮轮食品供应企业进行推广使用，并作为该年的"局长工程"之一，得到局党组的大力支持。经过近3年的升级完善，该系统已成功开发PC

版、网页版和手机版，使用功能也日趋成熟。利用该系统，检验检疫机构根据邮轮食品供应企业的信用等级和食品安全风险，对符合条件的企业，通过"口岸食品、饮用水供应卫生监督可视化管理系统"的电子审单、信息核查、过程监管、二维码识别、远程放行等方式实现了邮轮食品供应检疫无纸化。

创新举措

◇ 无纸化申报。该系统主要分为企业端与系统后台两部分。邮轮食品供应企业可以将供船食品、饮用水的具体品种、重量、采购地点、卫生状况、供船日期、供船企业资质等信息通过系统进行无纸化申报；检验检疫人员可以通过系统进行电子审单，即时了解相关情况，结合企业信用分级管理和对重点食品风险分析情况，提前确定是否需要进行抽样检测，在企业供船之前取得检测结果，既保障了口岸食品、饮用水安全，又为企业赢得了时间。

◇ 远程实时监管。该系统与邮轮食品供应企业的视频监控设备实时对接，能够对企业的食品入库、储存情况、装货过程进行全程录像，并可进行远程控制、实时监管，实现"事后检验"向"事前把关和过程监督"转变，从源头掌控食品质量安全风险。

◇ 自助放行。为了保障供应邮轮食品安全，监管重点深入到相关企业的日常运营过程，采用现场卫生监督、抽采样快速检测、第三方采信、实验室送样检测等相结合的监控形式，并将检测结果应用于该系统中，对直通放行频次进行动态管理。检验检疫机构通过系统对查验结果及处置情况进行记录，对于合格的申报内容进行电子签章后予以放行。企业通过系统对带有电子签章的申报单和查验记录进行打印后，即可交由船方、码头运营商作为放行凭证。

◇ 二维码识别。根据企业申报的不同食品种类生成唯一可识别的二维码，现场监督人员可以通过扫描二维码的方式更快捷地了解供船食品的相关信息，大幅节约现场查验时间。

◇ 建立电子档案。所有通过该系统传输的电子数据都将作为电子档案保存，不仅较纸质档案更为节约空间和成本，同时可以保存较长时间，便于数据分类统计，使监管流程中各环节工作做到"留痕"可追溯。

创新成效

在传统的邮轮食品供应卫生监管模式中，企业需要往返于检验检疫、货物储存场所、码头口岸多地，不仅耗时长、成本高，而且由于食品检测需要一定时间，采样送检的检验报告常不便于卫生监督工作的有效实施。传统监管模式全流程耗时平均在 1.5 天左右，且工作效率低，容易造成信息不畅、资源浪费等诸多问题。

2017 年，大连口岸共通过该系统为"中华泰山号""海洋神话号""地中海抒情号"等国际邮轮的 31 个航次供应 46 批共计 573.72 吨食品，初步形成了直放抽验相结合的监管方式。相关食品供应企业可以利用该系统提前网上申报，检验检疫机构通过申报平台及时掌握供货清单，有针对性地对敏感商品抽查采样，从而大大节省企业往来申报、签字、盖章、放行等业务的办理时间。同时，所有食品加贴二维码标识后，不仅现场查验效率得到提高，而且做到了食品供应全流程可追溯，口岸食品卫生安全水平显著提升。

7.2 评估方法

◇ 创新主体访谈。2018 年 5 月，评估组对大连出入境检验检疫局卫检处及其他相关人员进行访谈，深入了解推出邮轮食品供应检疫无纸化监管模式的背景、目标、实施细则、实施过程及落实效果，并调取、查阅、收集与本创新案例相关的重要文件，全面、系统地了解该创新的总体过程及后续预期完善方向。

◇ 企业深度访谈。2018 年 4—5 月，评估组对应用该系统服务的相关企业进行访谈调研，具体了解企业对邮轮食品供应检疫无纸化监管模式的感知效果，并收集相关企业对该平台进一步改进的建议和意见，对该创新举措实施成效进行定性评估。

◇专家评价法。评估组邀请旅游管理、企业管理、国际贸易等相关领域专家，组织座谈、研讨和会评，依据先期政府和企业两方面的深度访谈情况以及相关佐证材料，对邮轮食品供应检疫无纸化监管模式的创新性、创新成效、风险防控及复制推广难易度等进行打分评价。

7.3　创新性评估建议

评估组经过充分的实地调查、访谈、分析和讨论，认为邮轮食品供应检疫无纸化监管模式的创新性主要表现为实现现代化技术的应用性创新和形成监管流程的改进性创新两个方面，并有较好的开放性和延展性，存在较大的服务创新空间，总体上具备较高的创新价值。

◇ 实现现代化技术的应用性创新

由大连出入境检验检疫局自主开发的"口岸食品、饮用水供应卫生监督可视化管理系统"充分结合互联网技术、可视化设备、数据库管理等现代化技术手段优势，形成了集监管与服务于一体的综合性信息管理和应用平台，并经过较长时间的试运行和多次升级，成为较成熟的先进信息管理系统。该系统有效建立起检验检疫机构和食品供应企业的紧密、迅捷的互动关系，不仅显著节约了检企双方的制度成本，而且使相关监管和服务环节更加公开、公平和透明，切实提高了行政执法效率和水平。基于此系统实施的电子审单、自助放行、过程监管、二维码识别、远程放行等创新举措表现出统一、协调的创新性，并实现了"信息多跑腿、企业少跑路"的便利化监管服务模式，现代化技术应用创新的目的性、集成性十分明确。

◇ 形成监管流程的改进性创新

邮轮食品供应检疫无纸化监管模式的远程实时监管举措，不仅推动了传统的"事后检验"环节前移，为企业货物通关节省了大量时间成本，而且以事前监管和过程监督方式弥补了传统事后监管的不足，能够对企业的食品入库、储存情况、装货全流程进行质量把控，最大程度降低食品卫生安全风险带来的经济效益、社会效益和行政效率损失。远程实时监管举措事实上已成为检验检疫机构监管流程的创新性改进，并取得风险防控和监管效率的双提升。

7.4 创新成效评估建议

◇ 贸易便利化程度提升显著

邮轮食品供应检疫无纸化监管模式实施后，邮轮食品供应企业办理货物通关手续从平均耗时约1.5天变更为直放或抽检以及二维码检测快速验放的形式，便利化程度极大提高。从相关企业用户的反馈来看，该模式在提升贸易便利化方面获得极高评价。

◇ 风险防控职能获得较大补足

邮轮食品供应检疫无纸化监管模式实施前，检验检疫机构对供应邮轮食品和饮用水的检验限制在抽检、现场查验的单一环节，卫生安全风险控制水平有限；邮轮食品供应检疫无纸化监管模式实施后，检验流程不仅有效延伸至食品供应企业的运输、储存等环节，并且形成全覆盖式事前监控和事后追溯机制，极大提升了卫生安全风险防控水平。

◇ 集成服务功能的深度创新空间可观

邮轮食品供应检疫无纸化监管模式在获得相关企业或机构普遍认可的同时，也形成相关用户对该平台继续拓展功能、扩大业务和深度创新的需求。一方面，在适用范围上，目前该模式具备在信用等级为C级及以上取得国境口岸卫生许可的企业全面推行企业远程自助放行系统的条件；另一方面，该模式在集成市场信息发布、通关环节导引以及面向邮轮船方提供信息服务等功能方面存在巨大潜力，有条件让更多类型企业在更大区域内享受通关便利化红利。

7.5 风险评估建议

大连出入境检验检疫局的邮轮食品供应检疫无纸化监管模式由于采用了高度融合的信息管理技术和互联网技术，在风险防控方面功能预设合理、流程优化有效、系统成熟度日趋提高，有效解决了制度创新和风险防控的内在矛盾，成为该项创新举措的主要特点。因此，相关创新举措总体上风险可控，安全性良好，在后续功能拓展和适用范围扩大情形下，在保证信息设备承载能力同步提高的情况下，可以保持较稳定的风险防控水平。

7.6　复制推广可行性评估建议

◇ 具备一定复制推广价值

邮轮食品供应检疫无纸化监管模式的功能设计目标可以拓展到为自贸试验区内企业提供更加便利化的贸易服务，具有简便高效、公开公正、服务优化、信息共享、风险可控等优势，同时可以满足更大范围内的区外企业，在贸易便利化创新领域具有较强的创新和示范意义，为业务拓展和复制推广等进一步服务创新奠定基础，因此具备一定的复制推广价值。

◇ 复制推广所需条件

邮轮食品供应检疫无纸化监管模式的复制推广需要进行相关类别企业的定向功能拓展，因此企业归类识别和集成服务是必要的前提条件。通过与市场监督部门协同联动，实现企业标识制度完善和嵌入后，邮轮食品供应检疫无纸化监管模式可实现对自贸试验区内、外企业的归类管理，从而符合自贸试验区内、外的政策差异要求，并实现更大范围和更多业务领域的复制推广。

8 创新案例八：保证担保方式代替质量保证金缴存

8.1 案例概况

案例描述

"社会投资房建及市政工程项目采用保证担保方式代替质量保证金缴存"制度，是指建设项目与银行（或合格的担保公司）签订担保合同，由银行（或合格的担保公司）出具保函，经审核合格后视同已完成质量保证金缴存，可以办理竣工验收手续。新的担保方式能够有效缓解企业资金压力，创新工作方式，推动建设项目完成竣工验收。

保证担保方式代替质量保证金缴存制度主要适用于保税区范围内社会投资房建及市政工程项目，满足住房和城乡建设部印发的《房屋建筑和市政基础设施工程竣工验收规定》中关于竣工验收的要求。

主要做法

保证担保方式代替质量保证金缴存制度的实施主要有以下步骤，如图8-1所示：

◇ 建设单位与施工单位完成竣工决算。

◇ 建设单位与施工单位协商一致，共同提出申请确定全部或部分采用保证担保方式代替质量保证金缴存。

申请中应明确：①施工单位同意建设单位以保证担保方式全部或

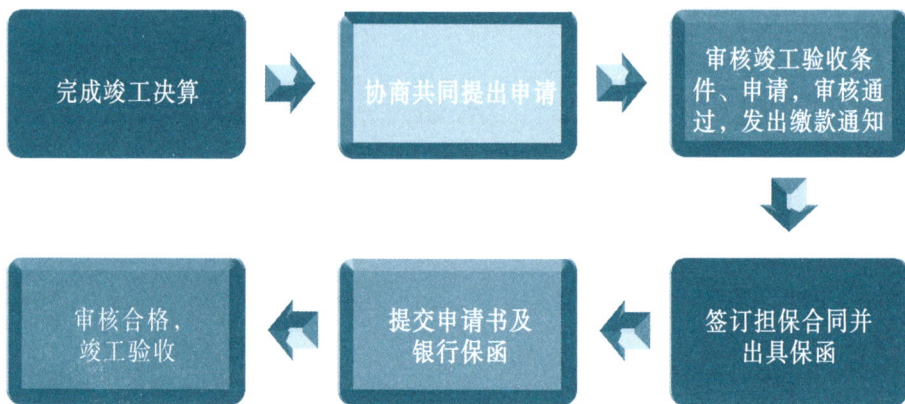

图8-1　保证担保方式代替质量保证金缴存制度实施流程

部分代替质量保证金缴存，施工单位放弃本应由质量保证金缴存所产生的收益；②对于采用保证担保方式代替质量保证金缴存部分所对应的工程款由施工单位与建设单位另行协商解决，与本担保无关；③改变质量保证金的缴存方式并不改变项目参建单位，特别是施工单位对工程的质量保修责任。

◇质监站对项目竣工验收的其他条件、建设单位与施工单位共同提出的申请进行审核，对于审核通过的项目，质监站为其出具应缴质量保证金额的缴款通知。

◇审核通过的项目与银行（或合格的担保公司）签订担保合同，由银行（或合格的担保公司）按照经审核的申请及质监站出具的缴款通知与质监站签订担保保证合同并出具保函。

◇建设单位向质监站提交经审核的申请书及银行（或合格的担保公司）出具的保函，经审核合格后，视同已完成质量保证金缴存，可以办理竣工验收。质监站收存的申请书及保函存入项目的竣工备案档案中。

创新亮点

中国（辽宁）自由贸易试验区大连片区实施的"社会投资房建及市政工程项目采用保证担保方式代替质量保证金缴存"制度相对于传

统的保证金制度，不仅同保证金制度一样能够保证三方利益（施工单位、建设单位以及住房用户），还存在如下创新点：

◇ 引入工程担保机构共同参与工程质量保证金的管理。

◇ 采用保证担保方式，可以最大程度释放资金的流动性，缓解建设单位资金压力。

◇ 省去企业筹措资金的麻烦，加快建设项目竣工验收进度。

◇ 在执行省市相关文件中对于质量保证金管理的各种方式基础上增加保证担保方式，由项目建设单位和施工单位协商后自主选择，企业可以根据自己的实际情况选择更适合自己的方式。

8.2　评估方法

◇ 深度访谈法。为了深入了解创新案例的发生、发展，创新案例的主要内容和具体做法，与大连保税区建设局质监站相关领导、检务科工作人员进行深度访谈。

◇ 比较分析法。将传统的质量保证金缴存制度与"保证担保方式代替质量保证金缴存"制度的实施流程进行对比，通过两种管理方式、具体做法优缺点比较，评价"保证担保方式代替质量保证缴存"的创新性。

8.3　创新性评估

如图 8-2 所示，将传统的质量保证金缴存制度与"保证担保方式代替质量保质金缴存"制度的实施流程进行对比，保证担保方式中建设单位向质监站提交经审核的申请书及银行（或合格的担保公司）出具的保函，经审核合格后，视同已完成质量保证金缴存，可以办理竣工验收。由建设单位与施工单位协商确定全部或者部分以提交申请书与银行保函的形式采用保证担保方式代替质量保证金缴存，这相对于质量保证金缴存制度实施的流程多了两个步骤，这对于企业来说不仅能够最大限度降低风险，还可以最大程度释放资金的流动性，缓解建设单位资金压力，省去企业筹措资金的麻烦，加快建设项目竣工验收进度。

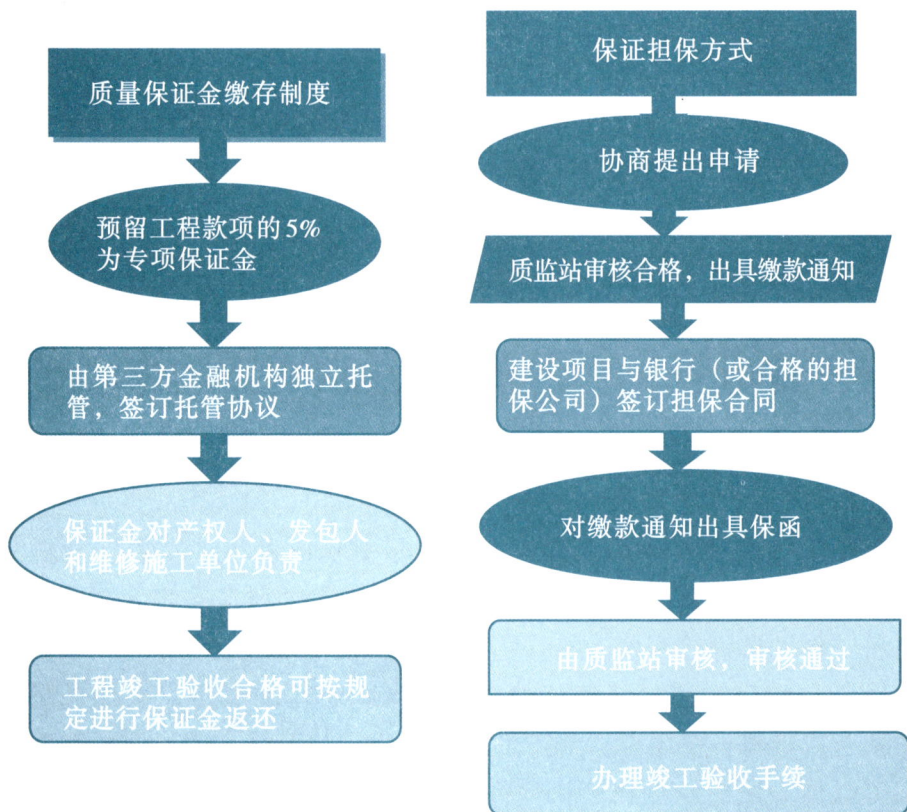

图 8-2　创新前后流程对比

8.4　创新成效评估

中国（辽宁）自由贸易试验区大连片区建筑工程项目参建单位反响热烈，目前采用保证担保方式代替质量保证金缴存的区内项目有10余个，运行了1年左右，同期项目应缴质量保证金中有85%的资金选用了保证担保方式，为企业节省资金1 700余万元。从结果来看，绝大多数企业是认可"社会投资房建及市政工程项目采用保证担保方式代替质量保证金缴存"制度的。

8.5　风险评估及防控措施

因为保函是建设单位与银行（或合格的担保公司）之间开具的，

施工单位的尾款不在包含的担保范围内，所以可能会有施工单位尾款结算困难的情况发生。防控措施如下：必须由建设单位与施工单位共同申请，施工单位应当对这种方式可能造成的影响有充分认识，并同意采用保证担保的方式。

8.6 复制推广评估

◇ 复制推广价值

"保证担保方式代替质量保证金缴存"制度在社会投资房建及市政工程项目的质量保证上采取协商解决的方式，保证方式的不同并不影响建设单位与施工单位的相关责任，保证方式灵活有效；同时，这种方式对于企业来说不仅能够降低风险，还可以最大程度释放资金的流动性，缓解建设单位资金压力，免除企业筹措资金的麻烦，加快建设项目竣工验收进度，具有一定的复制推广价值。

◇ 复制推广所需条件

"保证担保方式代替质量保证金缴存"制度的复制推广需要两方面条件：一是在本地区首先要有效实施和推广并且积极效果显著，有良好的示范作用；二是在以上前提下进一步完善该制度，并得到上级政府和有关部门的大力支持。

9 创新案例九：创新出口稻草监管互认工作机制

9.1 案例概况

案例描述

东北是国家重要的水稻产区之一，每年有大量稻草产出。日本独有的肉食牛"和牛"，必须以稻草作饲料，才能产出肉质鲜美、口味独特的牛肉。由于耕地面积少，日本国内生产的稻草远远不能满足需要，要从其他国家大量进口。我国辽东半岛的自然环境和日本和牛的生长环境相似，且稻草草质较好。长期以来，日本一直以稻草质量不符合标准为由，拒绝从我国进口稻草。大连检验检疫人员为赢得稻草国际市场，从1986年起开始长达13年锲而不舍的技术攻关，历经100余次严谨的实验，成功开发出稻草熏蒸技术，突破日本的技术壁垒。1999年7月30日，中日双方达成协议，解除从中国输入稻草禁令，中国稻草经过饱和蒸汽熏蒸处理后，在中日检疫官共同确认下可以输往日本。大连庄河及丹东、营口一带的稻草成为日本和牛饲料草的重要来源，是日本从世界范围内唯一进口的稻草，大连成为中国指定稻草唯一对日输出口岸。

辽宁自贸试验区大连片区挂牌以来，大连出入境检验检疫局为提高出口稻草通关效率，缩短通关时间，于2017年5月与大连海关建立"出口稻草监管互认工作机制"，经检验检疫认定合格的出口日本稻草，大连海关以检验检疫部门出具的检疫证书为依据，除情报布控查验等特殊情况外，不再实施口岸开箱查验。

操作方法

◇ 建立工作机制。大连出入境检验检疫局动植物检验检疫处、大连海关监管通关处召开联席会议，针对出口日本稻草实施关检监管互认，并成立"大连出入境检验检疫局、大连海关出口稻草三互合作工作组"，开启信息互换、监管互认、执法互助的"三互"通关模式。

◇ 确定实施方案。"大连出入境检验检疫局、大连海关出口稻草三互合作工作组"以联席会议方式，确定《出口日本稻草关检监管互认合作实施方案》及第一批实施"三互"合作企业名单，目前大连实施"三互"合作的企业有18家。

◇ 开展互认工作。出口日本稻草经检验检疫合格后，大连海关对名单之内的企业，以检验检疫部门出具的兽医（卫生）证书和《关检监管互认业务联系单》为依据，以提供的集装箱号和检验检疫部门施加的CIQ封号核准，不再实施口岸开箱查验。

出口稻草监管互认工作机制操作方法如图9-1所示。

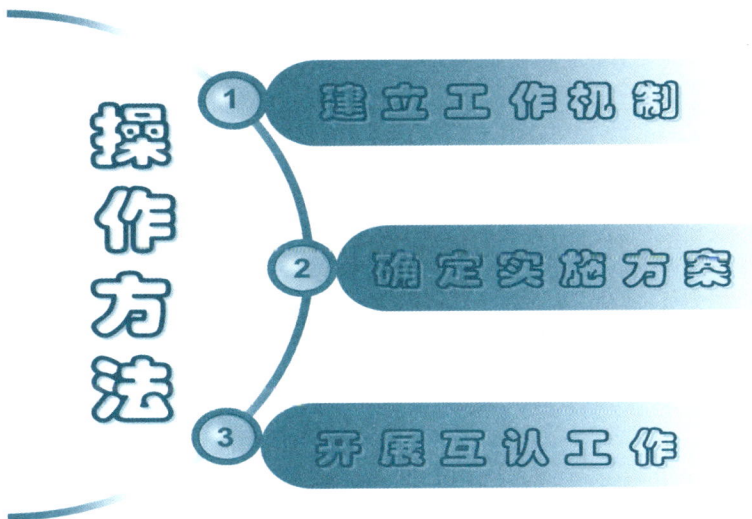

图9-1　出口稻草监管互认工作机制操作方法

创新亮点

◇ 转变政府职能的有益探索。出口稻草监管互认工作机制是大连出入境检验检疫局在切实转变政府职能，创新政府管理方式的过程中进行的有益尝试。通过政府管理方式的转变，政府由管理者变为管理和服务者，为企业提供更好的公共服务。

◇ 实施稻草全流程监管。日本对大连口岸出口稻草的检验检疫要求非常严格，为了保证稻草符合日方检验检疫标准，促进稻草行业的可持续发展，大连出入境检验检疫局对稻草收购、加工、运输、出口的全流程实施质量把控和监管，确保稻草质量达标。

◇ 开启关检综合执法模式。出口稻草监管互认工作机制将原来的检验检疫、海关各自查验、监管模式转变为联合监管模式，不仅提高政府工作效能，还提高出口稻草通关效率，为企业带来更大的经济效益。

出口稻草监管互认工作机制创新亮点如图9-2所示。

图9-2　出口稻草监管互认工作机制创新亮点

9.2　评估方法

◇ 深度访谈法。为了深入了解出口稻草监管互认工作机制的发生、发展，主要内容和操作方法，评估组对大连出入境检验检疫局动植物检验检疫处、大连（中国）稻草输出协会相关人员进行深度访谈。

◇ 比较分析法。将出口稻草监管互认制度创新前后的监管方式进行比较，通过两种监管方式、操作方法优缺点比较，评价出口稻草监管互认工作机制的创新性。

◇ 专家打分法。对各创新分项进行专家打分，通过加权平均法计算总分，分项和总分均以5分为满分。

出口稻草监管互认工作机制评估方法如图9-3所示。

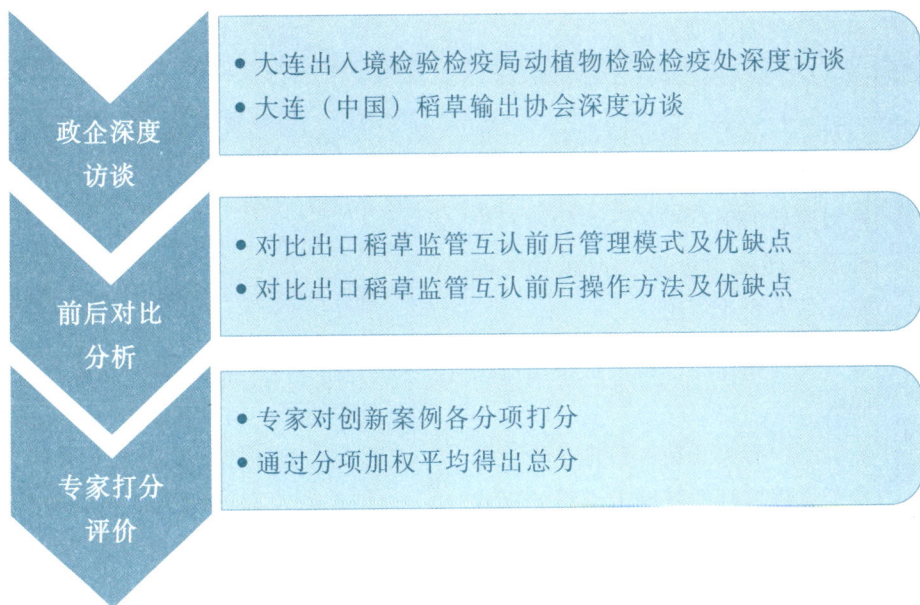

政企深度访谈
- 大连出入境检验检疫局动植物检验检疫处深度访谈
- 大连（中国）稻草输出协会深度访谈

前后对比分析
- 对比出口稻草监管互认前后管理模式及优缺点
- 对比出口稻草监管互认前后操作方法及优缺点

专家打分评价
- 专家对创新案例各分项打分
- 通过分项加权平均得出总分

图9-3　出口稻草监管互认工作机制评估方法

9.3　创新性评估

前后对比维度

　　出口稻草监管互认工作机制是大连出入境检验检疫局在推进"三互"大通关过程中进行的制度创新，不仅实现了政府管理方式的转变，还为企业节约了通关时间，降低了成本，与制度创新前相比在贸易便利化方面具有明显优势。出口稻草监管互认工作机制创新前后对比见表9-1。

表9-1　　　　出口稻草监管互认工作机制创新前后对比

	制度创新前		制度创新后
模式	◇海关、检验检疫分块管理模式 ◇缺点：海关、检验检疫对同一批货物各自查验，耗时较长；海关开箱查验后的稻草按照日本的检验检疫要求即变为废草，造成较大浪费，加大企业负担	模式	◇海关、检验检疫监管互认模式 ◇优点：海关、检验检疫建立监管互认工作机制，检验检疫查验合格的稻草，海关不再开箱查验，认可检验检疫的查验结果
主要做法	◇海关开箱查验，检验检疫全流程监管 ◇缺点：海关开箱查验是在检验检疫全流程监管的基础上进行的再监管，重复监管降低通关效率，海关开箱查验导致合格稻草变为废草，直接影响企业的盈利能力	操作方法	◇海关不再开箱查验，检验检疫全流程监管，监管互认 ◇优点：缩短出口稻草通关时间，提高通关效率，海关不再开箱查验后极大地降低了企业的成本，提高了稻草出口企业的盈利能力，促进稻草行业的可持续发展

专家评价维度

　　出口稻草监管互认工作机制是政府监管方式由分块管理向综合管理转变的有益探索，在风险可控、质量安全的前提下实现海关、检验检疫监管互认，提高行政效能，缩短通关时间，大幅降低企业成本，提升出口稻草行业的贸易便利化水平。专家对该案例制度创新性分项打分 4.86，提高通关效率分项打分 4.91，降低企业成本分项打分4.92，贸易便利化分项打分 4.83，促进行业发展分项打分 4.89，创新综合评价得分 4.88，出口稻草监管互认工作机制创新性突出如图 9-4 所示。

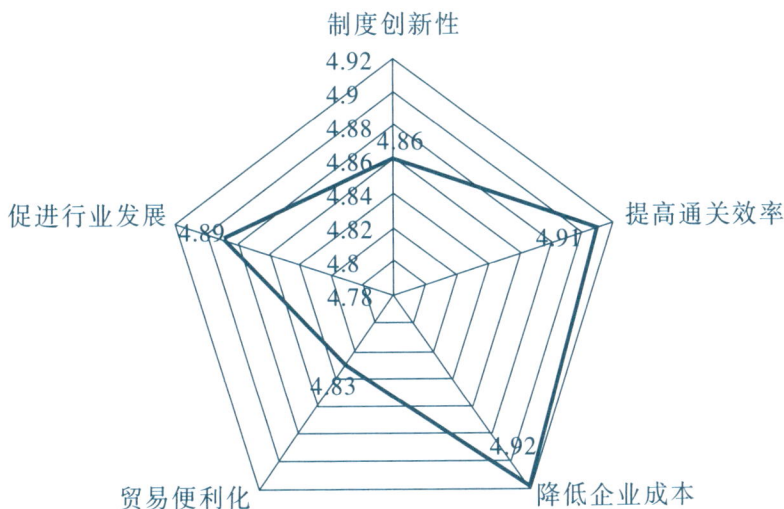

图 9-4　出口稻草监管互认工作机制专家打分评估

9.4　创新成效评估

主要创新成效

◇ 大幅降低企业成本。出口稻草监管互认工作机制的实施，避免了海关开箱查验后整箱出口稻草作废造成的损失，大幅度降低了企业成本。自 2017 年 5 月实施该工作机制以来，有 5 批次、28 个集装箱稻草通过该模式免于海关开箱查验，使企业减少经济损失约 100 余万元。

◇ 为地方经济做出贡献。出口稻草监管互认工作机制的实施，进一步提升了大连稻草出口企业的竞争力。近 20 年来，大连对日出口稻草总量近300万吨，出口创汇10多亿美元，还为10万多人提供了收草、加工、物流等环节的就业岗位，服务了地方经济。

◇促进产业可持续发展。大连稻草出口日本近20年来，期间因多种原因曾被中断，为了促进稻草持续出口，各级政府大力支持，特别是大连出入境检验检疫局探索的出口稻草监管互认工作机制及全流程监管，为出口稻草质量全程把关，促进该产业的可持续发展。

9.5　风险评估及防控措施

◇质量控制风险及防控措施

大连口岸出口稻草要经过高温熏蒸，杀死全部细菌后方可出口日本。2005年，曾因一家企业的稻草质量不合格，日本停止进口中国稻草，稻草出口行业遭受毁灭性打击。防控措施：建立稻草质量认证体系，设立出口稻草可追溯标识，对出口稻草进行全流程质量管理。

◇发生疫情风险及防控措施

日本对进口稻草的检验检疫标准非常高，特别是严格禁止进口疫情发生地区的稻草。防控措施为：对稻草产地进行疫情定期普查，建立预防疫情发生的体制机制。

9.6　复制推广评估

◇复制推广价值

出口稻草监管互认工作机制是分块管理向综合监管转变的有益实践，不仅可以提高通关效率、降低企业成本，还可以促进稻草行业的可持续发展，在变废为宝的过程中解决了大量就业问题。这种监管互认工作机制具有较大的复制推广价值。

◇复制推广所需条件

出口稻草监管互认工作机制的复制推广将在两个维度展开：一是向其他风险较小的货物品类复制推广；二是向国内其他口岸复制推广。复制推广所需条件为：建立出口货物全流程质量管理体系，全流程检验检疫监管体系，与海关协同监管，建立监管互认工作机制。

10 创新案例十：工业产品生产许可证制度创新

10.1 案例概况

案例描述

"工业产品生产许可证制度创新"是指工业产品生产许可试行"先证后核"，简化生产许可审批程序，取消发证前产品检验，后置现场审查，优化审批全流程。

"工业产品生产许可证制度创新"主要是以深入贯彻落实国务院关于加快推进"放管服"改革部署要求为指导思想，通过试行简化生产许可审批程序的改革，进一步简化审批流程、优化审批方式、强化事中事后监管，充分发挥生产许可证制度的有效作用，促进经济社会持续健康发展。

主要做法

在大连市推行生产许可证制度创新，试行"先证后核"，简化生产许可审批程序，取消发证前产品检验，后置现场审查，优化审批全流程。如图 10-1 所示，工业产品生产许可证制度创新主要有四项改革措施。

◇ 取消发证前产品检验。在审批发证前，不再实施对企业产品的抽样、封存和检验，由企业在申请时自行提交有资质（检验检测机构资质认定）的检验机构出具的产品检验合格报告。

◇ 后置现场审查。通过简化审批程序取证的企业，市局审批办组

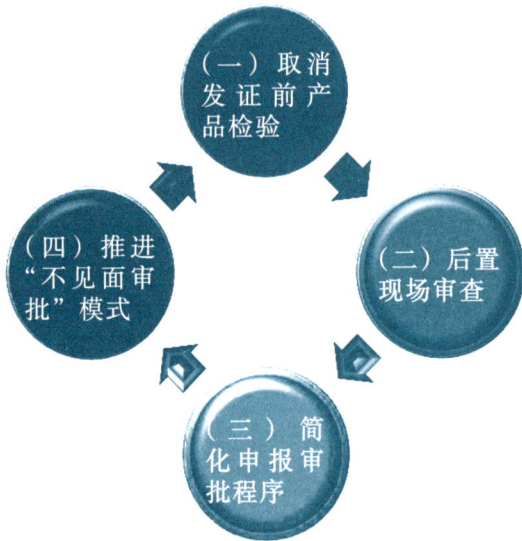

图10-1　工业产品生产许可证制度创新主要改革措施

织核查员和区市县、先导区市场监督管理局从事生产许可证管理的行政人员，在企业获证后3个月内完成现场审查，确保许可工作质量。后置现场审查按照《工业产品生产许可证后置现场审查实施规范》开展。

◇ 简化申报审批程序。一是最大限度方便企业申报。全面实施电子化和无纸化网上申报；实行申报材料"一单一书一照"制。二是以最快速度做出许可决定。市局对企业申报材料符合性、完备性进行形式审查，材料符合要求的，自企业申报到审批机关做出决定，最长不超过2个工作日。

◇ 推进"不见面审批"模式。运用线上与线下相结合的便利化手段，由企业自主选择"线上线下"审批模式。对于无须现场咨询、现场提交申请的情况，借助网上审批系统受理企业提出的申请，在实地核查环节一并核实材料的准确性和真实性；通过快递，将许可证件邮寄至相关人，实现办事企业"零跑动"。

如图10-2所示，工业产品生产许可证制度创新主要改革措施具体包括五个实施步骤：

加强事中事后监管，包括强化退出机制和诚信监管。对不符合法

图 10-2 工业产品生产许可证制度创新主要实施步骤

定条件的企业由质量技术监督局（市场监督管理局）依法撤销生产许可证，并向社会公告。还要完善工业产品质量诚信体系建设，组织企业开展质量诚信承诺活动；强化对企业履行承诺的监督检查，加大对通过简化审批程序取得证书企业履行承诺情况的监督力度，形成"一处失信处处受限"，倒逼企业履行质量安全主体责任，对不符合生产许可取证条件的企业，督促其履行承诺主动办理注销手续。

创新亮点

"工业产品生产许可证制度创新"的主要创新点在于：一是探索生产许可证行政审批的"宽进严管"模式；二是提出工业产品生产许可证"先证后核"的改革思路，把审批程序改造为"企业自我承诺、行政部门先发证、后核查严管"。为企业取证创造条件，并不是降低准入要求，而是将重点放在证后的核查和监管上。

10.2 评估方法

◇ 深度访谈法。为了深入了解创新案例的发生、发展，创新案例的主要内容和具体做法，与大连市质量技术监督局相关部门领导、检务科工作人员进行深度访谈。

◇ 比较分析法。将工业产品生产许可证制度创新前后进行比较，通过两种管理方式、具体做法优缺点比较，评价告知承诺制的创新性。

10.3 创新性评估

将工业产品生产许可证制度创新前后进行比较，如图 10-3 所示。

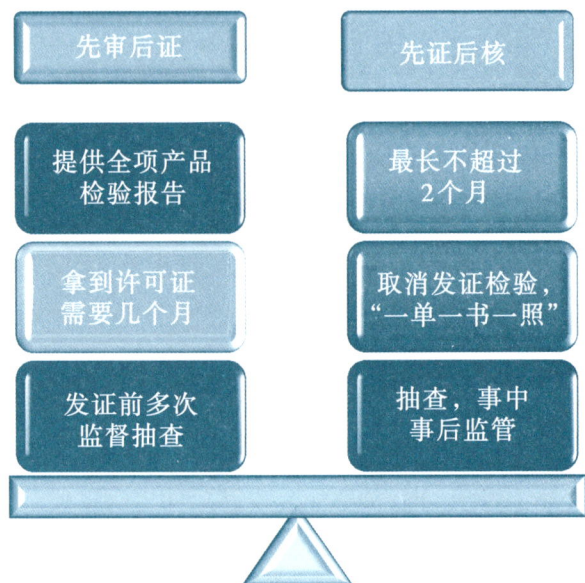

図 10-3　制度创新前后特点对比

10.4　创新成效评估

　　以大连佳林设备制造有限公司申请轻小型起重运输设备生产许可为例，主管部门第1天受理企业申请，企业第2天就领取了生产许可证。所以工业产品生产许可证制度创新能够缩短办证时间，降低企业额外成本，为企业开展生产经营提供便利。

10.5　风险评估及防控措施

　　"工业产品生产许可证制度创新"的风险点主要有：一是先发证后审核虽然提高了发证效率，但是存在审核不合格后的许可证注销问题；二是在诚信监管上，企业存在违背承诺风险；三是在网上审批方面，审批流程过于单一，信息过于透明，企业受到多方面限制，企业存在审批障碍风险。防控措施：一是制定和加强企业违背承诺的惩罚机制；二是在宏观上促进信用体系的建设和完善；三是完善网上评审系统，推动线上线下审批的协调统一。

10.6   复制推广评估

◇ 复制推广价值

"工业产品生产许可证制度创新"能够缩短办证时间，降低企业额外成本，为企业开展生产经营提供便利。着眼于减轻企业负担、降低时间成本、提高审批效率，使企业真正感受到改革带来的便利和实惠，具有一定的复制推广价值，值得在辽宁省范围内进行复制推广。

◇ 复制推广所需条件

"工业产品生产许可证制度创新"的复制推广需要两方面条件：一方面需要信用体系的建设和完善；另一方面需要相关政府部门的支持和宣传。同时，需要进一步加强"工业产品生产许可证制度创新"在大连片区的高效实施和推广，为在辽宁省范围内的复制推广发挥示范效应。

11 创新案例十一：国际水产品中转监管新模式

11.1 案例概况

案例描述

国际知名枢纽港均有较大的国际中转货运量，釜山、汉堡港都有超过 30% 的集装箱中转业务量，新加坡港更是达到了 70% 以上。我国沿海各大港口国际中转货运量占比均未超过 10%，与国际枢纽港相比有较大差距。为了促进大连港建设东北亚国际航运中心，大窑湾出入境检验检疫局积极推进国际中转业务，经由中国国家质检总局批准，于 2016 年 6 月 13 日签发中国首张国际中转水产品原产地证明、出具卫生（健康）证书。2017 年 4 月，辽宁自贸试验区挂牌后，大连国际水产品中转业务取得较快发展，大窑湾检验检疫局根据中国国家质检总局下发的《自由贸易试验区中转货物产地证明管理工作规范》的要求，出具转口原产地证明和卫生证书，促进了国际水产品中转业务的发展，推动大连探索建设"准自由贸易港"。

操作方法

国际水产品中转业务是指货物入境后进入大窑湾保税港区暂存，根据国际市场需求输出到第三国的贸易模式，可概括为"两头在外，中间在内"。大窑湾出入境检验检疫局广泛借鉴国际经验，特别是国际水产品中转量较大的韩国釜山港的做法，建立了一套行之有效的监管模式，实现"源头可追溯、监管可控制、流向可追踪、质量有保证"的工作目标，确保国际中转水产品的质量安全。主要做法如下：

◇ **严把货物原产国证书关口**

国际中转水产品须有原产国出具的官方卫生证书和原产地证书。整批出境的，卫生证书和原产地证书随档案归档；如分批出境，确认证书已使用后，以复印件归档。

◇ **严把货物中转证书出具关口**

根据《辽宁出入境检验检疫局特殊监管形式进境、转口、进口水产品检验检疫作业指导书》等相关规定，要求出具国际中转水产品原产地证书的货物必须在原包装状态下进行国际中转，对分级、挑选、改换包装等简单加工的，不予出具国际中转水产品原产地证书。

◇ **严把货物的检验检疫关口**

为了降低中转货物监管风险，大窑湾出入境检验检疫局对国际中转水产品采取分类监管方式。对需要出证货物，按照目的国、地区检验检疫标准实施抽样检测，如目的国、地区没有相关要求，按照我国进境水产品检验检疫要求对中转货物实施检验检疫。经检验检疫合格后，方可实施国际中转并出具相应证书。

大连港国际水产品中转业务操作方法如图11-1所示。

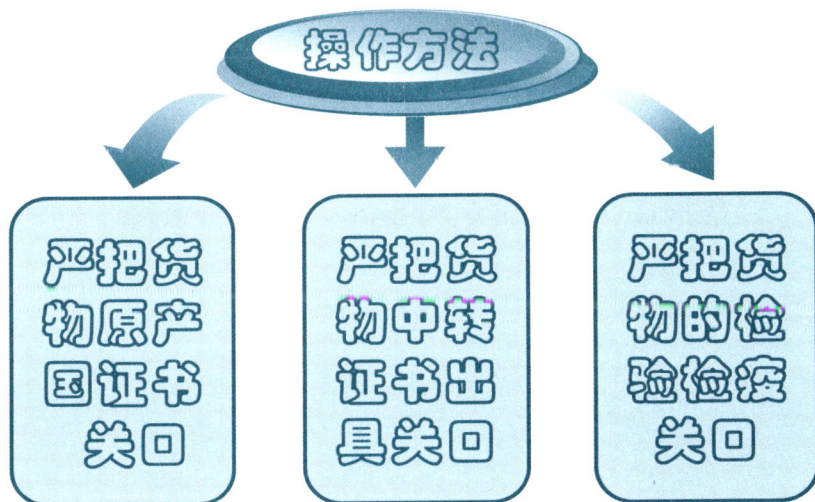

图11-1 大连港国际水产品中转业务操作方法

创新亮点

◇ 检验手段现代化。严格国际中转水产品出入保税冷库监管制度，通过全程视频监控和"移动快检"设备对出入库国际中转水产品进行实时监管，确保货物状态不发生改变。

◇ 中转证书多样化。对已确定进行国际中转、需出具证书的货物，提前通过收发货人与目的地国质检机构进行沟通，对检验检疫标准、证书版面格式、证书评语、签证机构等内容提前确认。目前，大窑湾出入境检验检疫局已搜集并整理世界水产品国际中转证书样本20份。出具的水产品国际中转证书已获得越南、泰国、加纳、美国、俄罗斯等10多个国家的认可。

◇ 货物监管分类化。

（1）对散货船中转货物，由于在货物报备入库检验检疫过程中，已经有全程视频监控和入库登记，在出库时只要保证是原始状态即可认定货物无异常，几乎不存在疫情风险。

（2）有些国际中转货物因客户或目的国需求，需要更换外包装，分情况区别对待：在原包装外额外增加包装的，因没有触及货物，可认定不存在疫情风险；需去掉原包装更换外包装的，因货物会暴露，要求无论是否出证均需对货物进行抽样化验。

（3）有些国际中转货物因客户或目的国需求，需要更改标签内容，该情形被认定为高风险操作，不予受理国际中转出证业务。

大连港国际水产品中转业务创新亮点如图11-2所示。

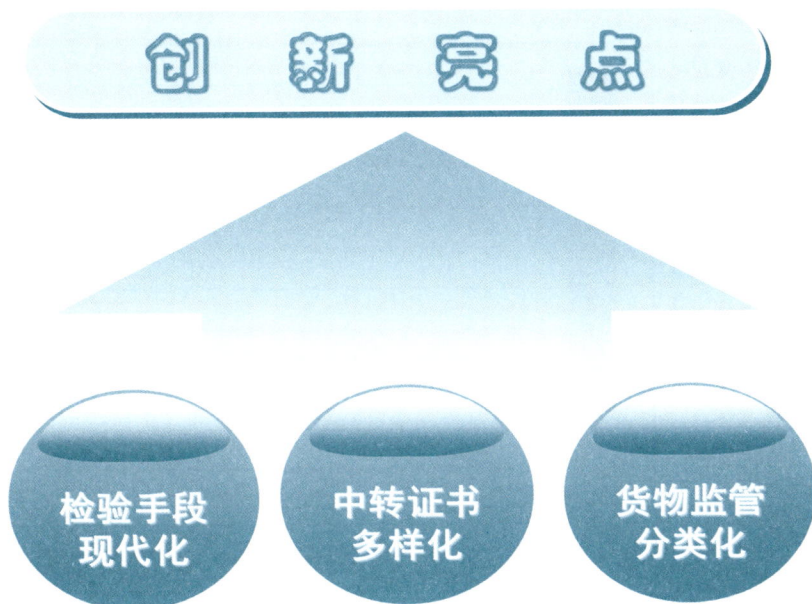

图 11-2　大连港国际水产品中转业务创新亮点

业务情况

　　2017年，大窑湾出入境检验检疫局受理国际中转水产品业务 309 批，涉及货物 40 985.9 吨，货值 3 992 万美元，其中出具原产地证书和卫生（健康）证书 35 批，共 71 份，占总业务量的 11.3%。此外，经由大窑湾港区转关至内陆保税区的水产品业务有 78 批，涉及货物 3 017.1 吨，货值 1 141.1 万美元。如图 11-3 所示，在大连港所有国际中转水产品业务中，货量排名靠前的货物原产国有俄罗斯、美国、加拿大等。

　　如图 11-4 所示，在大连港所有国际中转水产品业务中，货量排名靠前的货物目的国主要有尼日利亚、科特迪瓦、日本、美国等。

　　如图 11-5 所示，在大连港所有国际中转水产品业务中，货量排名靠前的货物种类主要有冻太平洋鲱鱼、冻狭鳕鱼、冻鲐鲅鱼、冻柳叶鱼等。

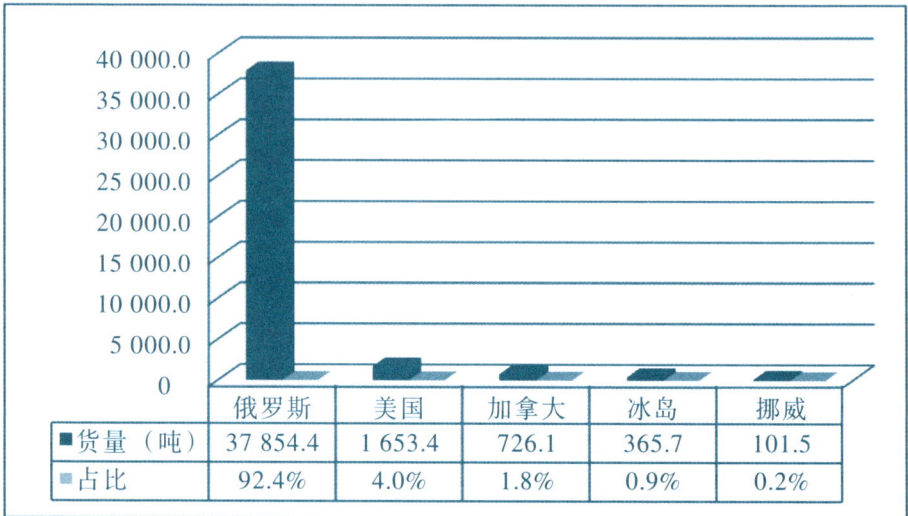

	俄罗斯	美国	加拿大	冰岛	挪威
■货量（吨）	37 854.4	1 653.4	726.1	365.7	101.5
■占比	92.4%	4.0%	1.8%	0.9%	0.2%

图 11-3   大连港国际中转水产品主要原产国

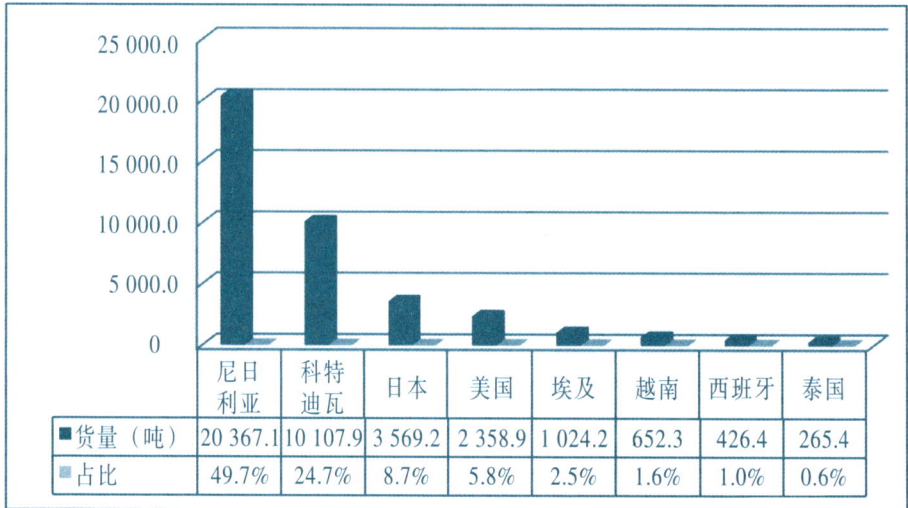

	尼日利亚	科特迪瓦	日本	美国	埃及	越南	西班牙	泰国
■货量（吨）	20 367.1	10 107.9	3 569.2	2 358.9	1 024.2	652.3	426.4	265.4
■占比	49.7%	24.7%	8.7%	5.8%	2.5%	1.6%	1.0%	0.6%

图 11-4   大连港国际中转水产品主要目的国

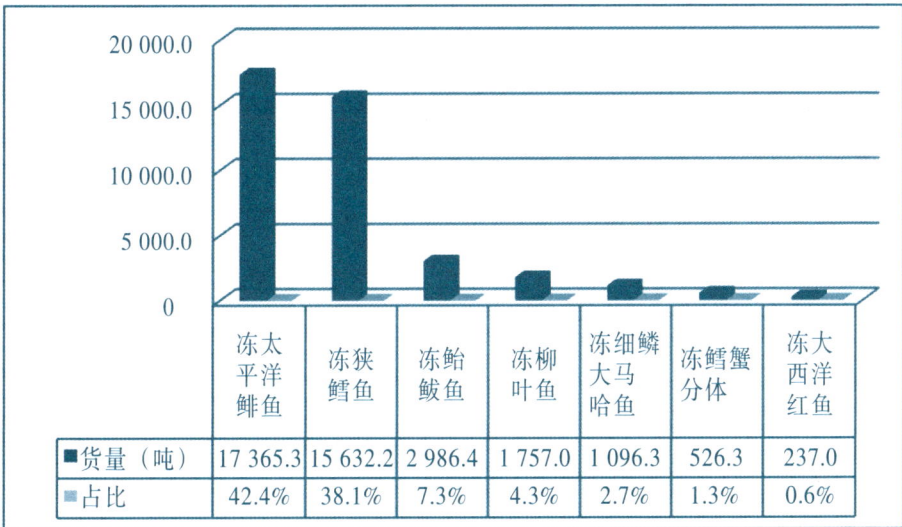

	冻太平洋鲱鱼	冻狭鳕鱼	冻鲐鲅鱼	冻柳叶鱼	冻细鳞大马哈鱼	冻鳕蟹分体	冻大西洋红鱼
■货量（吨）	17 365.3	15 632.2	2 986.4	1 757.0	1 096.3	526.3	237.0
■占比	42.4%	38.1%	7.3%	4.3%	2.7%	1.3%	0.6%

图 11-5　大连港国际中转水产品主要货物种类

11.2　评估方法

大连港国际水产品中转监管新模式评估方法如图 11-6 所示。

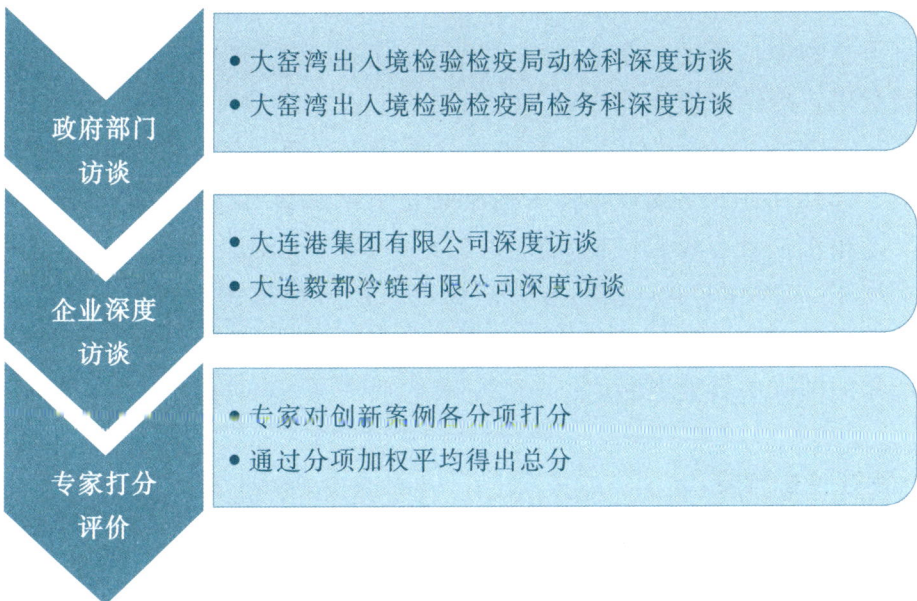

政府部门访谈
- 大窑湾出入境检验检疫局动检科深度访谈
- 大窑湾出入境检验检疫局检务科深度访谈

企业深度访谈
- 大连港集团有限公司深度访谈
- 大连毅都冷链有限公司深度访谈

专家打分评价
- 专家对创新案例各分项打分
- 通过分项加权平均得出总分

图 11-6　大连港国际水产品中转监管新模式评估方法

◇ 政府部门访谈法。与大窑湾出入境检验检疫局动检科、检务科工作人员进行深度访谈，了解国际水产品中转监管模式的详细情况，包括创新案例实施背景、操作过程、取得成效、存在的问题等内容。

◇ 企业深度访谈法。与大连港集团有限公司、大连毅都冷链有限公司有关人员进行深度访谈，了解国际水产品中转业务实施以来，企业的感受、取得的效益、需要破解的难题等内容。

◇ 专家打分法。对各创新分项进行专家打分，通过加权平均法计算总分，分项和总分均以5分为满分。

11.3　创新性评估

企业感知维度

通过企业深度访谈得知，他们对国际水产品中转监管新模式具有较高认可度。开展国际水产品中转业务以来，由于简化中转手续，加快了货物中转速度，企业可以在预定船期完成货物中转，节约货物仓储费用，冷链物流企业货运量大幅增长。以大连毅都冷链有限公司为例，其2016年国际水产品中转货物量为1万吨，2017年增长到5万吨，2018年预计为8万吨。大连港的仓储物流费用与韩国釜山自由贸易港相比，具有较大优势，在硬件方面也并不逊色。大窑湾保税港还实现了"7×24"小时便利通关，而釜山港只在工作日通关。希望大窑湾保税港充分利用这些优势，逐步向自由贸易港过渡，不断扩大水产品的国际中转业务量。

专家评价维度

国际水产品中转监管新模式简化水产品国际中转流程，大幅降低时间成本，提升贸易便利化水平，对大连建设东北亚国际航运中心具有促进作用，带动了地方经济发展。专家对该案例工作模式创新性打分4.82，促进相关产业发展打分4.91，拓展港口功能打分4.78，扩大对外开放打分4.93，带动地方经济打分4.85，案例创新性综合评价打分4.86，国际水产品中转监管新模式创新性显著。国际水产品中转监管新模式创新性专家评分如图11-7所示。

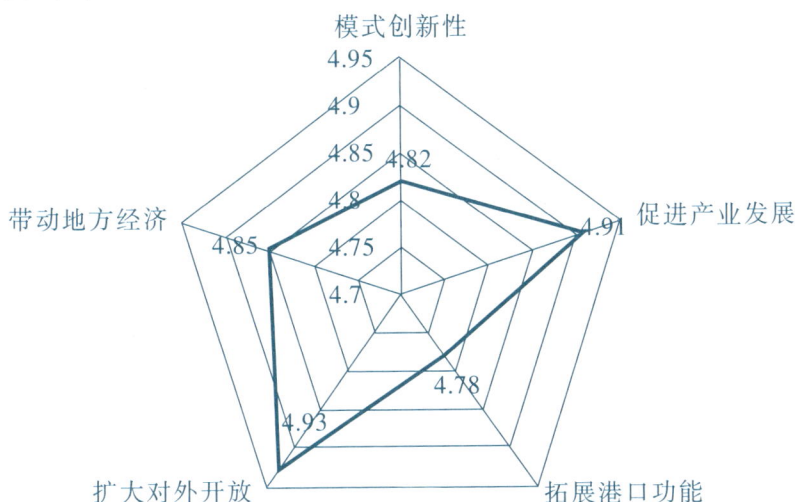

图 11-7　国际水产品中转监管新模式创新性专家评分

11.4　创新成效评估

主要创新成效

◇ 取得显著经济效益。国际水产品中转业务开展以来，大窑湾保税港区的国际中转水产品数量成倍增长。据不完全统计，自2016年6月签发首张国际中转水产品原产地证明到2017年11月，大窑湾出入境检验检疫局办理国际中转水产品不出证业务120批次，重量为65 700吨，货值达4 681.5万美元，出证业务46批次，重量为9 021吨，货值达379.1万美元，预计带来3亿元人民币的经济效益。

◇ 促进国际贸易相关产业发展。大窑湾保税港区吸引大量国际贸易商将货物经大窑湾保税港区存储并中转出境，对冷链物流、仓储、租赁服务等产业产生直接带动作用，增加就业岗位近千个，进一步促进区域冷链物流产业发展，并利用集聚效应打造国际水产品贸易中心，未来水产品还可以通过"辽满欧"铁路中转至"一带一路"沿线国家。

◇ 扩展大连港国际中转功能。在加快推进大连东北亚国际航运中心建设进程中，大连港发挥着重要的龙头作用。国际水产品中转业务的开展，拓展了大连港现有功能，使其在东北亚国际航运线上的地位得到强化。

◇ 引领自由贸易港探索。大连港开展国际水产品中转业务，迈出了自由贸易港探索的第一步，在稳步扩大国际中转货运量的同时，为其他货物进行国际中转探索实践经验，为国际货物中转模式下监管制度的建立健全进行先行先试。

11.5　风险评估及防控措施

◇ 政策滞后风险评估及防控措施

我国开展国际中转业务较晚，目前尚无适用的法规政策，还在沿用货物进出口法规政策规范国际中转业务，法规政策的滞后将带来监管风险。防控措施为：围绕国际水产品中转业务，尽快建立相应的法律法规，为国际水产品中转提供制度保障。

11.6　复制推广评估

◇ 复制推广价值

国际水产品中转监管新模式，是针对国际中转货物建立的管理制度，提升口岸的贸易便利化水平，具有较大的应用推广价值，可在国内所有保税港区进行复制推广。

◇ 复制推广所需条件

国际水产品中转业务须获得国家质检总局批准，复制推广需要五方面条件。一是货物从入境、仓储、出库至转口，始终在特殊监管区内流通，处于保税状态；二是货物转口时处于入库时的原始状态；三是未超过标签所标示的保质期；四是申请出具水产品健康证书和原产地证明的国际中转水产品，必须附有原产国出具的官方卫生证书和原产地证明（正本）；五是有分证、合证需求的货物，需具有同一收、发货人。

11.7 存在的问题与对策建议

◇ 存在的问题

目前，大窑湾出入境检验检疫局对需要出证的国际中转水产品要求每批都送检，出证时间一般为4天，韩国釜山港对国际中转水产品并不进行检验检疫，产品质量由发货方负责，出证时间仅需1天。不少企业反映大窑湾保税港区检验检疫要求过于严格，耗时过长，会在一定程度上影响其对中转港的选择，对国际货物中转业务具有较大制约作用。

◇ 对策建议

建立国际中转货物分类监管制度，对于目的国或地区已经进行严格检验检疫的货物，且有该国或地区官方签发的检验检疫证书和原产地证书的货物，在进行国际中转时可仿照国际自由贸易港的通行做法，不再进行检验检疫，进一步提高货物中转效率，吸引更多货物在大窑湾保税港进行国际中转。对于没有原产地证书的货物，国际中转时则要进行严格的检验检疫，把好国际中转货物的产品质量关。

12 创新案例十二：粮食国际中转贸易模式集成创新

12.1 案例概况

案例描述

为响应国家"一带一路"倡议和"农业走出去"的战略要求，同时提高大连口岸在国际、国内港口中的竞争力，增加大连地区港口货物吞吐量，将大连打造为"新亚欧大陆桥"的中转站。大连大窑湾检验检疫局依托大连大窑湾保税物流园区的进境粮食指定口岸和进境粮食示范港的现有条件，和大连港股份有限公司成熟的港口运营、检港合作经验，积极向上级单位申报粮食国际中转业务，最终质检总局发布了质检动植审（2017）06 号《俄罗斯大豆海运过境大连输往第三国检验检疫监管措施》，使大连获批成为全国唯一准予开展海运俄罗斯大豆过境输往第三国业务的港口。大连良运集团粮油购销有限公司、大连白桦粮谷加工有限公司、大连万润谷物有限公司、敦化市华力对外经贸有限责任公司等四家企业取得了经营该业务的资质，并开展海运粮食的更换集装箱、散改包、简单筛选、保税仓储和国际中转等业务，积极促成进境粮食国际中转贸易在大连口岸落地生根。

国际中转业务，是衡量一个国际枢纽港口的重要指标，历来是各大港口的"兵家必争之地"。此举将吸引大量国际贸易商将货物经大连大窑湾保税港区存储并中转出境，有利于大连建设"东北亚国际航运中心"，助推中转业务做大做强，保证创新措施取得实效，总结形成大窑湾特色的辽宁经验，为新一轮东北老工业基地振兴和辽宁自贸试验区建设再立新功。

品类选择

国际中转贸易是指货物入境后暂存保税港区，再根据国际市场需求输出到其他国家和地区的贸易模式。目前俄罗斯、乌克兰等国家主要种植非转基因大豆、玉米等，粮食国际中转贸易形势对大连口岸存在需求。粮食是检验检疫部门需要百分之百查验的食品，对于海关也属于查验较为严格的货品，大连大窑湾检验检疫局选取了粮食作为国际中转贸易对象有自身和区位优势。

创新亮点

大连大窑湾口岸是东北的枢纽港，辐射整个东北地区并与全国各地相互关联，是全国唯一与铁路无缝衔接的港口。针对口岸发展实际，辽宁局联合各相关部门，构建互联网+"服务生态圈"，在服务口岸发展中多措并举、亮点纷呈。粮食国际中转贸易业务的开展，实现了五大业务创新发展，如图12-1所示。

图12-1　大窑湾国际中转贸易格局创新亮点

◇ **创新审批方式**

创新审批方式成为此次出台措施中的一大亮点。较以往传统模式，采用一次性不限量审批模式，每批次进境大豆可节省20个工作日的行政许可时限，提速效果明显；中转货物原产地签证制度的实施，不仅解决了企业转口贸易难题，也使自贸试验区中转货物的证书转签、分证有了合法身份，为中转货物分销、集拼带来便利；确定进口国的检验检疫标准，商定证书模板内容，确保中转货物顺利在进口国通关；采取通检便利化措施，做到货物随报随检，加快实验室检测速度，保障货物快速中转，尝试"提前申报、货到查验、即时放行"，配套采取24小时预约通检，保证产品报检查验随到随办的"绿色通道"；在进境时不再在检验检疫主干系统（简称E-CIQ，下同）进行申报，而是有出证需求的批次在出口时在E-CIQ系统中进行申报，在相关模块中完成出证流程，并为其单独设定抽批规则；在检验检疫口岸综合业务系统（简称DPN，下同）中开发增加新的监管模块，进行核销、放行操作，建立"出证的在E-CIQ报出拟证，不出证的在DPN直接放行"的双重监管模式。创新审批方式详解如图12-2所示。

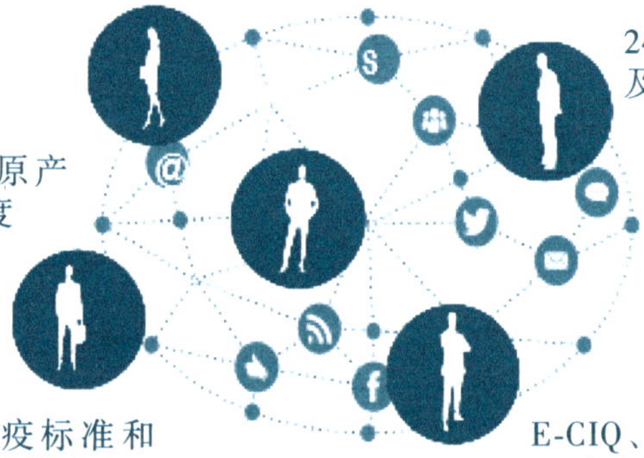

一次性不限量审批

24小时预约通检
及"绿色通道"

中转货物原产
地签证制度

确定检疫标准和
商业证书模板

E-CIQ、DPN
双重监管模式

图12-2　创新审批方式详解

◇ **提高农产品附加值**

　　粮食借助海运过境输往第三国，大豆或其他品类农产品可以进料加工贸易方式申报进境，并在大连大窑湾口岸经过筛选、换包装最终出口国际市场。通过对俄罗斯非转基因大豆进行再加工和深加工，可提高农产品附加值，同时引导和帮助企业不断改进生产工艺，从单纯的国际中转贸易转变为精加工、高档次、高附加值的产品出口贸易，使企业获得更高的利润回报。大连市大窑湾出入境检验检疫局将在前期工作的基础上，继续发挥进口粮食示范港优势，扩大创新成效，充分发挥检验检疫职能作用。加强对企业的政策宣传和技术指导，深耕细作，积极助推本地农产品的产业链升级，提升东北地区第一产业国际市场竞争力。产业升级图解如图12-3所示。

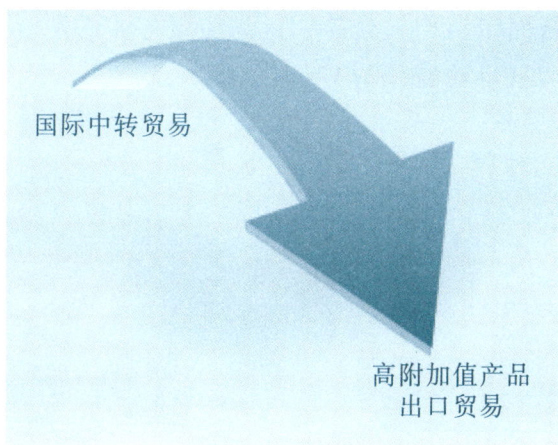

图12-3　产业升级图解

◇ "农业走出去"发展战略

"十二五"期间，我国在俄罗斯境内的农业开发面积超过1 000万亩，返销粮食近70万吨，其中转口贸易粮食的比例在50%左右，主要以集装箱装运，通过俄罗斯远东港等港口出境，一程船海运到国内转口港口，然后二程船海运至美国、加拿大等国家。此举服务于我国"农业走出去"发展战略，为我国企业在俄罗斯种植的大豆拓展更广阔的贸易空间。

◇ 新增大连港的港口功能

目前，国际上公认的国际大港，如新加坡、釜山、汉堡等，都有超过30%的集装箱中转业务量，新加坡更是达到了70%以上。而我国沿海各大港口国际中转占比还均未超过10%，与国际枢纽港标准差距巨大。开展粮食国际中转业务，新增大连港的港口功能可吸引更多企业从事相关业务，形成规模化，从而推动大连港口国际化发展。

国际中转业务作为一种较新的物流模式，将吸引更多国际型的物流企业入驻自贸试验区。货源的增加势必带来进出港船舶的增加，与船舶相配套的服务业也会因此发展起来。该贸易模式已在亚洲的韩国釜山、新加坡和欧洲的鹿特丹等港口形成规模效应。大连港可由国际中转业务衍生出诸如国际集装箱管理与租赁服务市场、空港联运等许多附加功能，从而带动相关仓储、贸易、服务业的发展，增加地方就业。大连港新增港口功能如图12-4所示。

图12-4　大连港新增港口功能

◇ **政策优势**

俄罗斯大豆海运过境输往第三国是辽宁出入境检验检疫局支持自贸试验区发展措施之一，彰显大连自贸片区独有的政策优势，充分发挥自贸试验区先行先试的政策导向。辽宁出入境检验检疫局以服务地方经济、外贸发展为己任，主动帮扶企业建立符合进境粮食监管要求的管理体系。大连市大窑湾出入境检验检疫局根据国家质检总局下发的《自由贸易试验区中转货物产地证明管理工作规范》的要求，为一批在大窑湾保税港区内存储后中转货物，出具了转口原产地证明和卫生（健康）证书。在大连市大窑湾港"国际中转中转站"的试点建设过程中，辽宁出入境检验检疫局发挥职能作用，以监管模式创新带动港口发展。

简要效果

我国内地各港口，基本属于腹地型港口，主要依托腹地经济发展满足其货源需求。但周边的釜山港、香港港、新加坡港等在港口自由度上占优，没有足够的国际中转量来支撑，打造国际航运中心建设必将受到制约。所以要将大连港发展为强港，建设国际航运中心，必须优先发展国际中转业务。

辽宁大连大窑湾口岸是我国东北最大的贸易口岸。2018年2月，大连万润谷物有限公司一批装载着120吨俄罗斯大豆的集装箱在辽宁大连大窑湾口岸落地，该批大豆以进料加工贸易方式申报进境，并在大连口岸经过筛选、换包装最终出口日本。这是国家质检总局批准大连口岸开展俄罗斯大豆海运过境输往第三国以来的首批业务，实现了进境粮食国际中转贸易在大连口岸落地生根。

评估方法

12.2 创新性评估

大窑湾检验检疫局通过创新审批方式，提高农产品附加值，实施"农业走出去"发展战略，新增大连港的港口功能，利用政策区位优势等，开展国际中转业务，力图将大连发展成为重要的国际枢纽港口。此举与制度创新前相比，具有明显优势，见表12-1。

表12-1　　大窑湾检验检疫局国际中转制度创新前后对比

制度创新前		制度创新后	
模式	腹地型港口；传统审批模式；农产品附加值低；单一E-CIQ系统检疫。 缺点：主要依托环渤海、东北经济腹地的经济满足货源需求，物流模式老旧；审批冗长，时间成本大；检疫重复混乱，效率低下	模式	货物国际中转枢纽港；"检港联动"；"统一集中、互联互通"的ECIQ＋DPN双重监管；互联网＋"服务生态圈"。 优点：海运、空运、铁运、陆运、管运"五路并存"的多式联运网络体系，聚集效应明显；大数据管理；一次性不限量审批

续表

	制度创新前		制度创新后
操作方法	中转货物的证书转签、合法身份认证困难；转运手续繁杂。 缺点：通关、检疫及监管时间长，效率低，成本高。未开发港口附加功能；货品过境输往第三国业务量少	操作方法	"提前申报、货到查验、即时放行"；出具转口原产地证明和卫生证书。 优点：降低行政许可时限，提速效果明显；通关效率与效益提升；为国际中转货品输往发达国家扫清了障碍，提高了业务量

12.3　风险评估及防控措施

◇ 数据风险及防控措施

检验检疫部门监管应到位。海关、检验检疫等口岸监管部门原本有各自的通关综合业务平台，E-CIQ 系统和 DPN 相互间数据整合有时存在风险。可通过进一步开发和升级"互联网+全程监管"系统，整合通关数据进行防控。

◇ 品类归责风险及防控措施

粮食国际中转业务的开展，需要经关检海关查验和质检检验检疫多个步骤。但检验检疫和关检的重点不一。例如：粮食的关检海关主要看是否有夹藏，检验检疫主要看是否有病虫害等，有品类归责风险。需通力合作，建立协调机制。

12.4　复制推广评估

◇ 复制推广价值

开展海运粮食的更换集装箱、散改包、简单筛选、保税仓储和国际中转等业务，积极促成进境粮食国际中转贸易在大连口岸落地生根，不仅提高了大连口岸在国际、国内港口中的竞争力，增加大连地区港口货物吞吐量，同时也符合国家"一带一路"倡议和"农业走出去"的战略要求。有利于大连建设"东北亚国际航运中心"，有利于提升贸易便利化水平和国际贸易竞争力，为新一轮东北老工业基地振兴和辽宁自贸试验区建设贡献力量。

◇ **复制推广所需条件**

复制推广包括货物品类推广和地域推广。货物品类推广条件较为宽泛，以粮食为代表的大宗货物品类和其他小宗货品均可试行。地域复制推广需要当地政府与海关、检验检疫局、边防、海事等口岸部门协同推进。同时需要获得国家出入境检验检疫局审批许可文件和相关政策支持，并对政策的把握度和操作的规范性有较高要求。

13 创新案例十三：建筑师负责制代替传统规划部门技术性审查

13.1 案例概况

案例描述

"建筑师负责制"是国际通行的建筑工程管理办法，其核心是建筑师在工程全过程中具有主导地位。"建筑师负责制"是以建筑师为责任主体，受建设单位委托，在工程建设中，从建筑设计到工程竣工直至使用质保期的全过程，对项目的设计方案及成果全面负责，使成果符合规划条件及相关法律法规要求。

标准的建筑师负责制服务涵盖三大内容：项目设计、施工管理和质保跟踪。建筑师在项目决策过程中起先导作用，在设计阶段起核心作用，在施工中起主导作用，在科技成果转化中起驱动作用，在文化建设中起传承作用，在生态文明建设中起促进作用，在质量安全和效能中起保障作用。

鉴于我国的建筑学教育体系现阶段缺失工程管理课程，工程管理体制上设计、施工分离，建筑师局限于建筑专业技术的设计，缺失工程管理职业实践，全面的建筑师负责制在目前看来实施条件还不成熟。

现阶段推行的建筑师负责制是以建筑师为责任主体，受建设单位委托，在工程建设中对项目的设计方案全面负责，由负责的建筑师本人对规划局做出承诺，承诺其提交的规划方案及建筑单体方案成果符合规划条件及相关法律法规要求。得到承诺后，规划审批部门仅对图纸进行备案，不再作技术审查。

主要做法

如图 13-1 所示，建筑师负责制的管理模式主要有四个环节：

图 13-1 建筑师负责制的管理模式的四个环节

◇ **政府定标准**

规划行政主管部门制定规划条件及相关建设要求，并依据法律法规明确审批阶段的报件要求。

◇ **建筑师作承诺**

建筑师持企业的委托书，与规划行政主管部门签订书面承诺，对工程设计成果的技术质量全面负责。规划行政主管部门对试点项目免予技术性审查，仅作程序合法性审查，将规划设计方案备案。

◇ **过程强监管**

规划行政主管部门在项目建设过程中不定期巡查，巡查过程中如发现建设项目有违法、违规等不良行为，该项目建筑师负责制立即作废，建设项目各项手续须按原法定程序重新办理。

◇ **失信有惩戒**

在项目竣工规划核实阶段，如发现建设项目有违法、违规等不良行为，依据《建筑工程五方责任主体项目负责人质量终身责任追究暂行办法》报相关部门从重处罚，将处罚结果记入个人信用档案，给予信用惩戒。

创新亮点

如图13-2所示，以建筑师对工程设计成果的技术质量全面把关代替传统的规划部门对项目的技术性审查，实施建筑师负责制，能够让项目建设更具专业性和合理性，保证工程建筑质量。

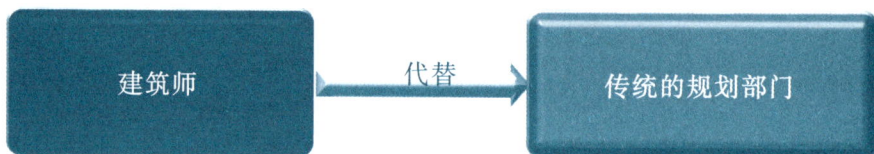

| 建筑师 | 代替 → | 传统的规划部门 |

图13-2　建筑师负责制代替传统规划部门对项目的技术性审查

13.2　评估方法

◇ 深度访谈法。为了深入了解创新案例的发生、发展，创新案例的主要内容和具体做法，与大连保税区规划局相关领导、检务科工作人员进行深度访谈。

◇ 比较分析法。将建筑师负责制与传统的规划部门对项目的技术性审查制度进行对比，将创新前后管理方式进行比较，通过两种管理方式、具体做法优缺点比较，评价承诺制的创新性。

13.3　创新性评估

此举措可以大大缩减建设项目的审批时间，尽管后续建设项目在办理施工许可时还需要进行施工图审查，但是此举措实施风险较小。

建筑师发挥的作用越大，所担负的责任也就越重。建筑师不仅负有全过程的责任，而且负有对业主、对社会、对环境的责任，如果失误还要负法律责任，这在一定程度上也能减少工程实施过程中的失误。

13.4　创新成效评估

该举措实施以后，可缩减行政审批时间2周左右，为加快政府职能转变，提升规划管理效能做出了较大贡献。该举措已全面落实，符合条件的项目在首次办理时，窗口负责宣传告知建筑师承诺制的内容，由企业自行选择审批方式。2017年8月9日，大连圣丰包装有限公司项目负责建筑师在规划审批窗口递交承诺函及设计图纸，20分钟后已备案图纸通过窗口顺利返还建设单位，大连圣丰包装有限公司项目成为大连保税区实施建筑师承诺制的首个建设项目。

该举措能够显著缩减建设项目审批时间，加快了项目建设进度，反响良好。通过不断宣传，已有福瑞滋冷链管理（大连）有限公司项目、大连圣丰包装有限公司项目、大连菱友电子有限公司新建工程、丰树大连国际产业园项目、大连圣达医药有限公司新建工程、大连环普国际产业园项目（三期）、恒浦（大连）国际物流有限公司冷冻库项目（二期）、大连金平机电工程设备有限公司厂房工程、大连国际生态卫星城 A-1-1 地块项目、大连亿港木业项目、万玮大连保税区产业园共11个项目按建筑师负责制实施。

13.5　风险评估及防控措施

"建筑师负责制"主要存在两个方面的风险：一是存在项目建设过程中违背承诺的风险；二是在项目竣工规划核实阶段发现的风险。防控措施：规划行政主管部门在项目建设过程中不定期巡查，如发现建设项目有违法、违规等不良行为，该项目建筑师负责制立即作废，建设项目各项手续须按原法定程序重新办理；在项目竣工规划核实阶段如发现建设项目有违法、违规等不良行为，需依据《建筑工程五方责任主体项目负责人质量终身责任追究暂行办法》报相关部门从重处罚。

13.6　复制推广评估

◇ 复制推广价值

"建筑师负责制"以建筑师为责任主体，受建设单位委托，在工程建设中承担从建筑设计到工程竣工验收全过程的技术责任。该举措可以大大缩减建设项目的审批时间，尽管后续建设项目在办理施工许可时还需要进行施工图审查，但是"建筑师负责制"实施的风险较小，且与国际通行做法接轨，具有一定的复制推广价值。

◇ 复制推广所需条件

"建筑师负责制"复制推广所需的条件主要包括：一方面需要加强信用体系的建设和完善，加强对建筑师遵守承诺的约束力；另一方面需要相关政府部门的支持和宣传。同时，政府部门也应研究配合"合作模式"的监管方式，进一步下放职权，多部门联合，减少审批内容，回归"建筑师负责制"的本源。

14 创新案例十四：平行进口车简化流程

14.1 案例概况

案例描述

　　平行进口汽车，是指除总经销商以外的其他进口商从原产地进口的汽车，与国内授权经销渠道"平行"，由于免去中间环节，此类汽车一般市场售价较低。平行进口车是合法产品，同样经过3C认证进入国内市场，只是批量较小。

　　早在20世纪90年代，国内没有类似4S店的汽车销售渠道之时，大连凭借独特的港口优势，成为国内最早的平行进口车"大贸车"的发端地。多年的平行进口车贸易实践，使大连形成了较为规范的市场环境，最鼎盛时年交易量可达3万多台。但2013年以后，随着自贸试验区的批准设立，天津以其自贸试验区的优势成为了国内平行进口车第一港，再加上福州等新兴口岸的激烈竞争，大连有相当一部分经销商将"阵地"转移到天津、福州等地。

　　2017年随着辽宁自贸试验区大连片区首批平行进口车企业"落地"，大窑湾出入境检验检疫局对已取得资质的平行进口汽车试点平台及企业采取简化预审手续和出证单据创新，有效地降低了企业时间成本，提升了企业销售效率。

主要做法

　　按照风险评估原则，对已取得资质的平行进口汽车试点平台及企业，简化预审及出证所需单证，对一般项目查验比例、后续监管频次采取差异化管理。具体实施步骤如下：

◇ **简化预审单据**

对平行进口同一种车型车辆进行首次预审时，证书持有人需一次性提供一套改装照片进行备案，同时加附证书持有人《自我声明》，以后再进口同种车型无需每台车重复提供相同资料。

◇ **简化出证单据**

平行进口车出证时无需核对海关的《货物进口证明书》，仅凭车辆的合格检测报告等必要单据就可以出具随车检验单。

目前，辽宁自贸试验区大连片区平行进口车数量较少，待数量提高后拟采取进一步措施：对一般项目查验比例、后续监管频次采取差异化管理。按照国家局相关文件要求，一致性核查的比例不得低于20%；由于大连口岸进口机动车辆中非量产中规车的比例较大，目前对该类车辆进行100%一致性核查，拟对平行进口企业进口的车辆降低查验比例；对平行进口企业的"三包"责任的现场检查每年不少于一次，对其他企业检查不少于两次。

实施效果

平行进口车简化流程模式，简化了预审手续，加快了出证时效，帮助企业降低了时间投入成本。

14.2　评估方法

平行进口车简化流程评估方法如图14-1所示。

◇ **深度访谈法**

与大窑湾出入境检验检疫局、平行进口车企业代表——圣博国际贸易有限公司相关人员进行深度访谈，了解"平行进口车简化流程"的操作方法、实施成效等相关内容。

◇ **比较分析法**

将"平行进口车简化流程"操作方法与传统检验监管模式进行比

政企深度访谈	• 与大窑湾出入境检验检疫局相关人员深度访谈 • 与平行车进口代表企业相关人员深度访谈
前后对比分析	• 对比创新前后检验监管业务流程 • 对比创新前后操作方法及优缺点
专家打分评价	• 专家对创新案例各分项打分 • 通过分项加权平均得出总分
企业问卷调查	• 向平行进口车企业发放问卷 • 提取问卷调查结果，进行分析

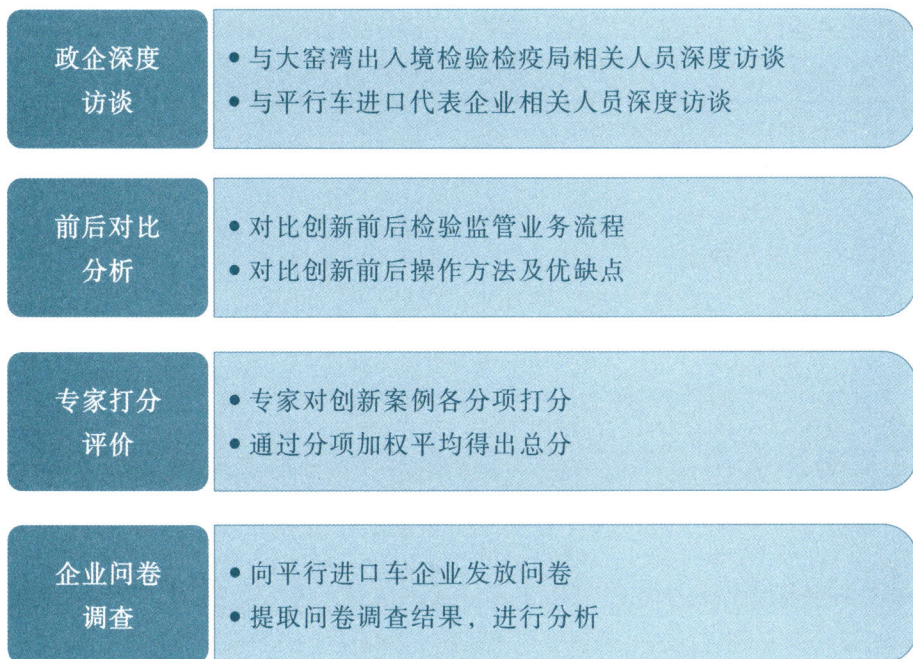

图 14-1　平行进口车简化流程评估方法

较，通过对两种模式、实施步骤优缺点比较，评价新操作方法的创新性。

◇ **专家打分法**

对各创新分项进行专家打分，通过加权平均法计算总分，分项和总分均以 5 分为满分。

◇ **问卷调查法**

向案例涉及企业发放问卷，了解企业对案例创新成效的感知度和满意度。

14.3　创新性评估

前后对比维度

大窑湾出入境检验检疫局从企业角度出发，简化平行进口车检验、出证流程，为企业节约了大量人力成本和时间成本。与传统模式相比，平行进口车简化流程，具有一定的创新性，具体见表14-1。

表14-1　　　　平行进口车简化流程创新前后对比

	平行进口车简化流程创新前		平行进口车简化流程创新后
预审单据	对改装车辆，每台车均须提供原车改装的正前、正后、侧向、仪表盘等全套照片并做成模板	预审单据	同一种车型首次预审时，证书持有人可以一次性提供一套改装照片备案，加附证书持有人《自我声明》，以后无需每台车重复提供相同资料
缺点	耗费大量人工成本及时间	优点	为企业节省人工和时间成本
出证单据	出证时需核对海关《货物进口证明书》，需2～3个工作日才能提供	出证单据	无需核对海关的《货物进口证明书》，仅凭车辆的合格检测报告等必要单据就可以出具随车检验单
缺点	企业等待出证时间长	优点	加快了出证时效

企业感知维度

　　通过与企业深度访谈了解到，它们对平行进口车简化流程新模式具有较高的认可度。企业反映，按照传统模式，每台车均须提供原车改装的全套照片并将其做成模板，耗费大量的人力成本及时间成本。由于拍照须将车辆从场地挪动到拍照地点，并对每台车辆的正前、正后、侧向、仪表盘等进行拍照，一天最多可完成30辆车拍照。拍照时间长，直接影响了报检报关时效。平行进口车简化流程创新实施后，企业从进口车辆到港到最终销售提车，可节省至少一周时间。

　　但与此同时企业也反映，目前辽宁自贸试验区大连片区共有5家汽车贸易企业获批在区内开展平行进口车销售业务。其中，4家为大连市首批平行进口车试点平台企业，1家为首批汽车平行进口试点企业。其他未在大连获批但拥有3C认证的企业，已将业务转移到了天津或福州，并在福州或天津获得批准资质。前述情况的出现将造成如下后果：一是近年来大连平行进口车业务量大幅减少；二是一些企业（如圣博国际贸易有限公司）需用板车将进口车辆从天津港或福州港拖到大连销售，大大增加了企业成本。

专家评价维度

平行进口车简化流程模式，简化了预审手续，加快了出证时效，帮助企业降低了时间成本，节约了人力投入成本。专家对该案例工作模式降低企业时间成本打分4.92，节约企业人力投入成本打分4.79，提高销售效率打分4.83，提高报关时效打分4.87，提升报检时效打分4.89，案例创新性综合评价得分4.86。平行进口车简化流程模式创新性显著（如图14-2所示）。

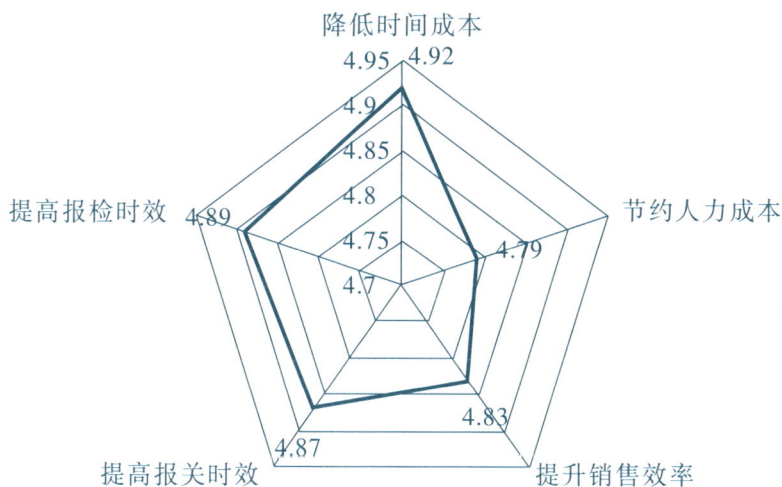

图14-2 平行进口车简化流程创新性专家评分

14.4 创新成效评估

主要创新成效

平行进口车简化流程创新，通过简化预审手续和出证单据，提高了企业报关报检时效，为企业节约了大量人力成本投入，提升了销售效率（如图 14-3 所示）。

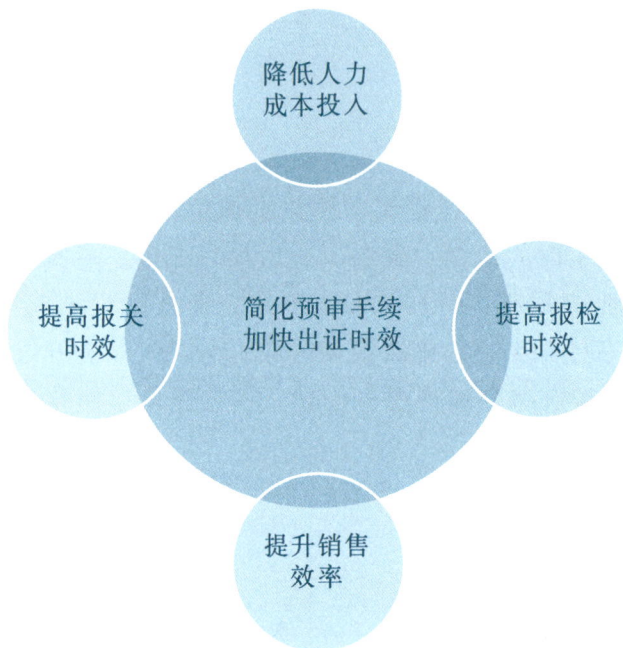

图 14-3　平行进口车简化流程创新成效

◈ **提高报关报检时效**

同一种进口车型首次预审时，需提供一套改装照片备案，加附证书持有人《自我声明》，以后同类车型无需每台车重复提供相同资料。节约了企业挪车、拍照时间，相应地提高了报关报检时效。

◈ **降低人力成本投入**

企业拍照须将车辆从场地挪动到拍照地点，并对每台车辆的正前、正后、侧向、仪表盘等进行拍照，一天最多可对 30 辆左右车辆进行拍照。实行预审单据简化后，为企业节约了大量的人力成本投入。

◈ **提升企业销售效率**

预审单据和出证单据手续简化，使平行进口车企业从进口车辆到港到最终销售提车，节省了至少一周时间，显著提升了企业销售效率。

问卷调查结果

　　根据调研及问卷反馈结果，样本企业对"平行进口车简化流程"带来的成效满意度较高。对"平行进口车简化流程是否节约企业时间成本"这一问题，有77.23%的企业认为显著提高，22.77%的企业认为微弱提高（如图14-4所示）；对于"平行进口车简化流程是否节省企业人力成本投入"问题，有69.57%的企业认为有显著降低，22.39%的企业认为有微弱降低，8.04%的企业认为变化不明显（如图14-5所示）。

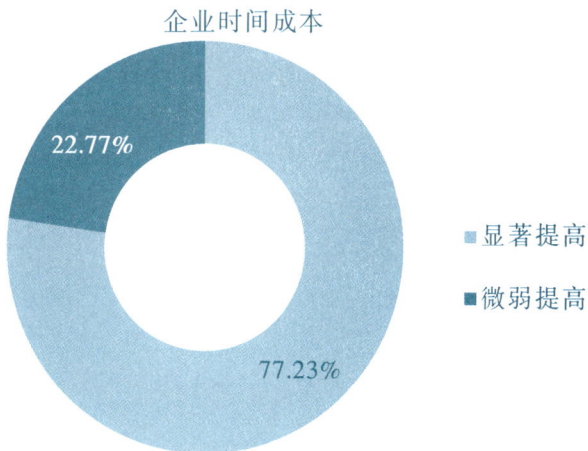

企业时间成本

22.77%

77.23%

■显著提高
■微弱提高

图14-4　平行进口车简化流程节约企业时间成本变化

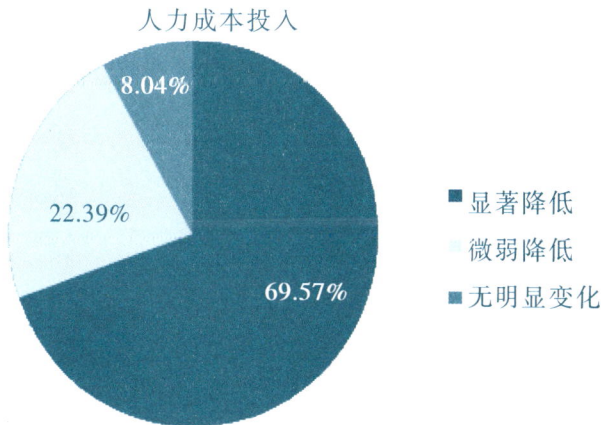

人力成本投入

8.04%

22.39%

69.57%

■显著降低
　微弱降低
■无明显变化

图14-5　平行进口车简化流程降低企业人力成本投入变化

14.5   风险评估及防控措施

大窑湾出入境检验检疫局平行进口车简化流程目前尚未发现明确风险，但对相关部门政策的把握度和操作的规范性有一定要求。

14.6   复制推广评估

◇复制推广价值

平行进口车简化流程措施较好地对接企业需求，可为企业节约时间成本、提高销售效率，具有一定复制推广价值。

◇复制推广所需要条件

对于平行进口车简化流程，企业满意度较高，无需特殊复制推广条件，可在全国（或海关特殊监管区域、其他区域）复制推广。

15 创新案例十五：检验检疫"检企集控"快速验放模式

15.1 案例概况

（一）创新背景

2015 年 10 月，英特尔公司宣布投资 55 亿美元将大连工厂建设为世界上最先进的非易失性存储器（NVM）制造工厂，该项目是迄今为止英特尔在中国的最大一笔投资，也是大连市乃至辽宁省改革开放以来最大的外资项目，对推动辽宁老工业基地振兴和扩大开放、推进辽宁自贸试验区大连片区建设具有重大战略意义，是我国新时代深化改革和扩大开放进程中提升利用外资水平、实现更好地利用国内国外两种资源两个市场目标的重要项目。2017 年 3 月，该项目第二阶段扩建工程正式启动，并计划 2 年内迅速竣工投产，期间预计新增固定资产投资 20 亿美元以上，新增半导体生产设备约 1 000 台（套），进口货量、货值都将创下辽宁省单一项目之最。

该项目二期扩建工程实施进度对其是否能够在全球芯片市场占据有利位置存在重要影响，因此期间涉及的相关机电设备进口对口岸检验检疫工作效率具有更高需求。其主要体现在三个方面：一是扩建工程涉及大量且零散的进口快件，需要不受日常工作时间限制的 "7×24" 小时验放通关程序；二是相关精密设备对卫生条件要求较高，需要将开箱检验等流程的影响降到最低；三是涉及大量具有核心技术的先进机电设备，需要检验检疫流程充分考虑知识产权保护要求。在这一背景下，辽宁大连地区检验检疫机构总结、整合、创新自贸试验区内企业进口机电产品检验监管经验和方法，针对英特尔（大连）公司试行 "一企一策"，自 2018 年初开始对其施行 "检企集控" 快速验放模式，获得英特尔（大连）公司高度评价，并成为辽宁自贸试验区大连片区制度创新和优化营商环境工作中的典型案例。

（二）创新过程

针对英特尔（大连）NVM项目二期扩建工程对于提升利用外资水平、推动扩大开放的重要性和战略意义，辽宁大连地区检验检疫机构深入企业了解项目进展情况和企业需求，明确锁定"7×24"小时快速验放通关、充分保证精密设备的检验环境和条件、有效保护知识产权等几个在进境检验检疫流程中需要重点突破机制创新要点。在此基础上，对于难以实现单方面突破的检验环节，创新性的引入检验检疫部门和目标企业合作的新思路，例如由英特尔公司建设覆盖货物流转全过程的视频监控平台并保存视频资料，为全过程无泄密式视频监控提供基础条件，进而解决开箱检验带来的卫生环境不达标和知识产权泄露等顾虑；为企业技术人员提供检验检疫培训服务，使其充分了解主要风险点，进而为检验检疫部门和企业的联合检验提供基础；对相关进口设备进行预先风险筛查和分级，并对第三方提供的检测文件和检验报告对照国家标准逐项检查，为充分、审慎采信机制提供必要支持。通过以上一系列准备和方法创新，结合"一企一策"优势，统筹兼顾、优化重组，试验和重塑针对该项目的检验检疫流程，形成以"检企集控"为特征的检验检疫快速验放模式。

（三）创新举措

大连出入境检验检疫机构针对英特尔（大连）公司的"检企集控"快速验放模式可概括为：检验检疫机构根据项目的特殊性和货物的风险等级，对其进口相关产品以"诚信管理"为基础，"信任放行"为手段，允许企业在有效监督下进行运输、拆箱等工作，安装前再实施现场检验监管。通过集合检验检疫多项便利举措及企业自检自控管理措施，为企业重塑检验监管流程，确保各检验检疫环节无缝衔接，实现进口产品快速验放。其创新性举措主要包括：

1. "7×24"小时检验检疫在线。检验检疫人员应用移动办公终端等手段，保证"7×24"小时在线，随时随地审核放行。定期对英特尔快速放行货物的数据进行"大连机场检验检疫局-货运公司-代理公司-英特尔-大连出入境检验检疫局"的五方比对，核实数据准确性和货物流向。

2.设立电子闸口绿色通道，方便货物通关放行。大连机场检验检疫局将为英特尔公司开辟检验检疫监管电子闸口"绿色专用放行通道"。以运单号为依据实施电子审单放行，确保"7×24"小时随到随放。检验检疫部门将定期进行核查比对，确保数据准确，放行规范。

3."首件施检+第三方采信+同类放行"，进一步减少现场检验批次。大连出入境检验检疫局对英特尔公司首次进口的机电产品实施现场检验。对其后多批次进口的同类机电产品，采信第三方检验证书及检测报告等证明结果，经一致性检查和评估后放行。

4."分送集报+集中预验"，提高检验效率。大连出入境检验检疫局对已实施检疫的"保税区进出境仓储、周转货物"，凭企业申请，集中预先实施检验，货物实际进口出区时，分批核销放行，不再实施已预检项目的检验。经预检验合格的货物，由检验检疫机构登记并签发核销凭证，可在区内企业间自由流转，预检验核销凭证随货物流转在企业间作相应结转。

5.豁免认证和备案，简化报检手续。对企业符合免办3C的货物，无需办理免办3C，直接申报通关。对属于免于加贴能源效率标识的产品目录内的进口产品，企业无需提供免于加贴能效标识所需提交的证明材料，凭《免于加贴能效标识声明书》，直接办理报检。

6."无泄密式视频"检验措施。对英特尔公司二期项目涉及知识产权敏感区域和设备安装洁净区域，采取"无泄密式视频"检验措施，即将监控摄像头覆盖于货物拆卸、开箱、落位、安装等关键环节，由英特尔公司建设覆盖货物流转全过程的视频监控平台并保存视频资料，大连出入境检验检疫局通过调取查看视频资料，实现"7×24"小时全过程无泄密式监控。

（四）创新成效

自2018年1月31日"检企集控"检验检疫快速验放模式开展以来，截至4月9日，已完成验放批次1 546批，验放进口设备7 437台（套），货值14.14亿美元。从运作情况看，以下几个方面成效比较明显。

1.重塑检验监管流程。检验流程由原来"认证备案—报检—预约检验—开箱检验—安装调试检验—后续监管"六个步骤精简为"报检—'7×24'小时设备开箱、安装调试无泄密式视频检验留档—后续监管"三个环节，实现对进口产品的快速验放。

2.降低货物抽检比例。实施前，按照国家法律法规要求，对抽批抽中的法检货物实施检验；实施后，采取风险分级措施，进一步降低了低风险法检货物的检验比例，对多批次进口的同类机电产品，采信第三方检验证书及检测报告等证明结果，经一致性检查和评估后放行。

3.缩短货物通关时间。实施前，每批货物检验检疫放行时间为3~4天；实施后，由于绿色通道、豁免认证、货物抽检比例下降、"7×24"小时全方位覆盖等一系列措施，因此，放行平均时间缩短至1天以内，并且检验监管覆盖率提升至"7×24"小时全方位覆盖。

15.2　评估方法

本创新案例系针对具有全球竞争优势的大型跨国外资公司的监管和服务创新举措，因此，具有一定特殊性，相关举措的创新性、成效、风险点、复制推广适用条件等方面的评估工作限定在检验检疫机构和目标公司的双方联动体系之内，需要进行系统性的深访调查、实地分析和归纳论断。第三方评估单位基于以上评估工作条件和要求，主要采用质性评估方法，由专家组结合专业知识、历史经验和现阶段深化改革和扩大开放的制度供给需求，对被评价对象的价值或特点做出判断，依据其在具体情境中发挥的作用突出创新价值评估。

在实施评估过程中，专家组对大连出入境检验检疫局、英特尔（大连）公司的相关人员进行深度访谈，调取查阅与本创新案例相关的重要文件，全面、系统了解"检企集控"快速验放模式的总体过程及后续方向，切实掌握该创新案例中创新举措的体系、构架和内容，并在此基础上结合辽宁自贸试验区总体方案中的重点任务和明确要求进行相关性、创新性和成效评估。

15.3   创新性评估建议

经充分调查、分析和论证，专家组认为本创新案例总体上创新价值突出、创新举措全面周密、创新意义和示范作用显著。创新性评估建议归结如下：

1.形成监管与服务的局部性创新。监管与服务在一定程度上存在矛盾，这是检验检疫机构在制度创新过程中经常要面临的难题。本创新案例中，检验检疫机构针对目标企业的特殊性和战略意义，通过深入调查、审慎试验、充分论证，实现了对单一企业的监管和服务的灵活处理，从而形成监管和服务职能的局部创新。"7×24"小时检验检疫在线、设立电子闸口绿色通道、"分送集报+集中预验"等举措，强化了检验检疫机构的服务职能，同时在风险筛查、分级以及第三方采信论证的基础上，利用针对目标企业的网络、视频等完备技术监管系统，积极探索检企双方联合检验形式，通过"首件施检+第三方采信+同类放行"、豁免认证和备案、"无泄密式视频"检验措施等举措，将监管职能有针对性的渗透、分散在目标企业的运输、安装、应用等全过程，一定程度上保证了监管和服务职能的有效融合。从总体成效来看，相关举措在保证原有监管职能有效性的基础上，监管效率获得提升，特殊设备检验环境、知识产权保护等特殊需求得到进一步保证，局部性创新成效明显。

2.形成监管流程的原创性创新。本创新案例中检验流程由原来的"认证备案—报检—预约检验—开箱检验 安装调试检验—后续监管"六个步骤精简为"报检—'7×24'小时设备开箱、安装调试无泄密式视频检验留档—后续监管"三个环节，实现对进口产品的快速验放。其中主要的三个检验环节集约为一个环节得益于检验检疫机构与监管目标企业的深度合作，通过"分送集报+集中预验"、定向培训企业人员参与检验、搭建"无泄密式视频"监控系统，为监管流程和企业运营流程并行融合提供基础支撑，有效满足英特尔（大连）公司 NVM 项目二期扩建工程时间紧、任务繁杂对应的高效监管需求，在类似情况的监管流程方面具有明确的原创属性和应用意义。

3.形成风险防控环节的应用性创新。本创新案例中"首件施检+第三方采信+同类放行"、豁免认证和备案等创新举措，进一步简化报检手续、减少现场检验批次，同时事实上将风险防控工作推向事前、事后两端，实现风险防控节点位移，为目标企业快速通关、高效衔接运营流程提供条件。风险防控工作前移，主要得益于深入开展风险筛查、分级和第三方检验结果论证采信工作，对检验检疫机构工作提出更高要求，形成更加充实和标准化的检验内容；风险防控工作后移，主要依托于检企双方配合与现代化技术监管手段的使用，对检验检疫工作提出较高的技术要求和更加先进、灵活的监管理念。总体上看，相关举措在风险防控环节的改进过程中，在监管理念、监管技术和流程设计方面都表现出明显的应用性创新。

15.4　创新成效评估建议

1.有效落实自贸试验区推进政府职能转变要求，推动检验检疫监管制度进行局部创新和优化。本创新案例中，大连出入境检验检疫局相关举措突出体现了政府职能从"管理型"到"服务型"的转变过程，进一步充实和完善政府服务职能的创新理念和创新价值十分明显，并通过监管理念创新、流程再造、技术革新等手段，有效解决监管与服务存在的矛盾和冲突，进而在针对重点重要企业的局部意义上实现配套性、系列化的制度创新，为实现自贸试验区深化投融资体制改革、推进贸易便利化和贸易转型升级做出务实贡献。

2.切实提高监管和服务效率，为自贸试验区优化营商环境提供实践基础。本创新案例中，相关创新举措实施前，每批货物检验检疫放行时间为3~4天；实施后，由于绿色通道、豁免认证、货物抽检比例下降、"7×24"小时全方位覆盖等一系列措施，因此，放行平均时间缩短至1天以内，并且检验监管覆盖率提升至"7×24"小时全方位覆盖。从实践效果来看，监管和服务效率提升明显。同时，根据目标企业英特尔（大连）公司的反馈信息，相关创新举措获得市场高度评价，并在与存在类似情形的武汉、西安等国内半导体行业典型区域的比较中，展现出突出优势，为辽宁自贸试验区的营商环境优化提供扎实的实践基础。

3.创新举措示范作用明显，有力促动对标国际经贸规则的制度创新。本创新案例中，在风险防控工作前移过程中对国际权威机构的第三方检验结果采信论证具有特殊意义，不仅实现监管流程简化、监管效率提升，同时务实推动了口岸检验检疫机构对标国际先进经贸规则的改革进程。从创新实践过程来看，大连出入境检验检疫局经由本创新案例事实展开国家标准和国际权威机构标准的比照、衔接等探索性工作，并在此基础上延伸进行相关风险筛查、分类分级等基础性工作，事实上为将来更大范围的采信第三方检验结果和对标国际化标准提供制度创新基础。因此，使本创新案例展现出较强的示范作用和启发性。

15.5 风险评估建议

本创新案例中大连出入境检验检疫局的相关监管举措创新，在针对目标企业的个案范围内，考虑到英特尔（大连）公司的全球信用优势和声誉，相关风险防控功能预设较为周密、流程优化比较严谨，实际操作过程表现出制度创新和风险防控的高度协调统一。相关创新举措在理论层面仍存在需要注意的风险点，主要表现在企业失信行为防范和企业人员参与检验流程的投机行为防范，对应的防控措施建议主要包括：一是进一步完善和规范相关检验对象的事前风险筛查和分级分类标准，有效将快速验放相关举措的风险控制到可接受范围内的较低水平；二是进一步完善和细化对企业及相关人员的事后惩戒措施，并纳入到行业和社会信用体系，提高企业及相关人员投机行为成本。

15.6 复制推广可行性评估建议

1.具备一定复制推广价值

本创新案例中，检验检疫"检企集控"快速验放模式对于全国范围内具有类似特征的大型重点重要跨国公司口岸监管具有启示性意义和示范作用，并可以促动相关检验检疫机构在对标国际标准、保护知识产权、提供定向服务等方面的制度创新工作，因此，具有较高的复制推广价值。

2.复制推广所需条件

本创新案例中检验检疫"检企集控"快速验放模式的复制推广需要满足以下几个主要条件：一是所在区域检验检疫机构对具体的目标企业进行事前深入调查，与相关企业深入沟通需求，并就具体验放货物属性进行完备论证；二是所在区域检验检疫机构要对目标企业及验放货物的第三方检验报告等文件进行预研预审，在扎实开展此项工作基础上指导相关监管流程改进；三是目标企业要满足检验检疫机构以先进技术手段介入企业内流程监管的要求，并提供必要支持；四是检企双方需要务实开展企业参检人员的定向定期培训，为检企联合查验提供专业化队伍。

16 创新案例十六：创新跨境融资服务模式 助力大宗商品贸易发展

16.1 案例概况

（一）案例描述

自 2017 年 4 月 10 日辽宁自贸试验区大连片区挂牌以来，在推进自贸试验区发展的进程中，工商银行大连分行积极发挥自身所长，与地区发展齐头并进，搭建起"总行—分行—支行"立体化的自贸试验区金融服务支持体系。通过积极探索、创新跨境融资服务方式，提出了跨境风险参贷业务，工商银行大连市分行充分借力境内境外两个市场，为自贸试验区内企业提供低成本资金支持，助力企业快速发展。

（二）业务流程

跨境风险参贷业务流程如图 16-1 所示。

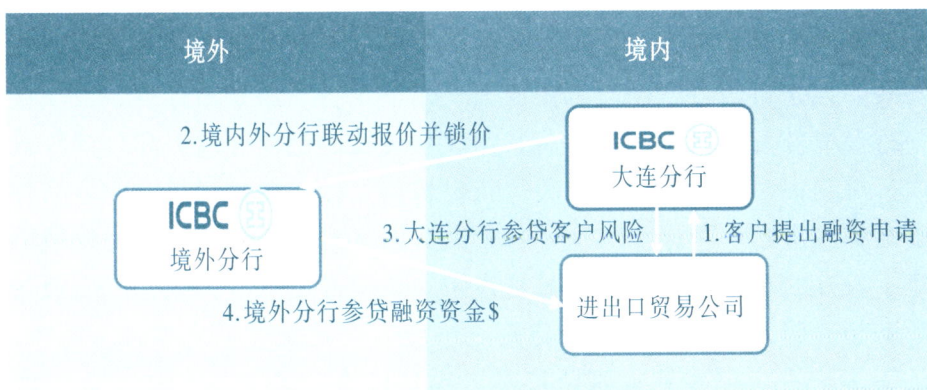

图 16-1 跨境风险参贷业务流程

1.工商银行大连市分行与各境外分行分别签订《风险参贷合作协议》；与客户签订相对应的国际贸易融资协议，例如《出口订单融资总协议》《出口押汇贴现协议》《进口 TT 融资总协议》《进口押汇总协议》等。

2.开展具体业务时，客户首先向工商银行大连市分行询价，并提供融资业务类型、金额、起息日及到期日等相关业务信息。

3.工商银行大连市分行统一向境外分行询价（通常采用NOTES邮件询价、微信业务群等询价方式），并择优选择最低报价向客户提供意向性报价及其他风险参贷业务要求。

4.如客户接受报价，客户向工商银行提交对应融资业务申请书以及相关业务单据。

5.工商银行大连市分行收到客户融资申请及合格单据后在工商银行全球信贷管理系统中进行信贷业务审批，同时在单证系统中进行相应业务操作，境外分行相关审批流程同时进行。信贷审批结束后，境外分行通过工商银行单证系统将出口业务项下融资款项划拨至境内客户账户、将进口业务项下融资款项按工商银行指示直接划转至实际收款人账户。

6.融资到期时，融资企业提交还款申请，工商银行大连市分行通过单证业务系统扣划融资企业结算账户资金归还境外分行融资本息。

（三）主要成效

随着大连地区"走出去""引进来"企业逐渐增多，大连分行高度重视内外联动平台建设，并依托内外联动平台推进自贸试验区业务发展。截止目前分行已与工银亚洲、东京工行、新加坡分行、卢森堡分行等境外分支机构加强交流合作，从传统的港澳、欧美和日韩等机构扩展到中东、东南亚、北美等新设机构，内外联动半径及业务品种逐渐扩大丰富，为服务本地及自贸试验区客户、拓展跨境融资领域搭建了较好的平台。目前，通过提供跨境风险参贷融资方式，工商银行帮助企业降低风险资产，优化资产组合，满足企业低成本融资需求，已为多家进出口企业办理跨境本外币风险参贷业务，2017年累计办理业务量超6亿元。

16.2　评估方法

（一）创新主体访谈

2018年1月，对工商银行大连市分行进行访谈，深入了解推出

"跨境融资服务模式"的背景、目标、实施细则、操作流程及实施效果，并收集相关佐证材料。

（二）企业深度访谈

2018年1月开始，对工行"跨境融资服务模式"的服务客体等相关企业进行访谈调研，具体了解企业对"跨境融资服务模式"的感知效果，并收集相关企业对该产品进一步改进的建议和意见，对其实施成效进行质性评估。

（三）企业问卷调查

面向应用该服务的企业设计结构化调查问卷，通过网络平台向相关企业、机构进行问卷调查。问卷题项以了解该服务业务流程、创新性、创新成效、风险感知、防控措施以及复制推广条件为主要目标和结构，对"大宗商品衍生品交易服务"进行量化评估。问卷调查范围覆盖目前全部使用该服务模式的企业和机构，回收有效样本108份，其中民营企业占比80.56%，符合调查预期及样本统计分布要求（如图16-2所示）。

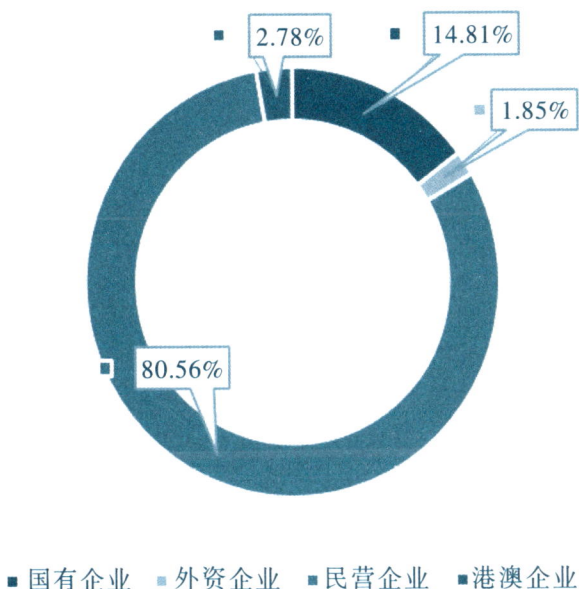

■ 国有企业   ■ 外资企业   ■ 民营企业   ■ 港澳企业

图16-2　企业问卷调查样本分布

（四）专家评价法

邀请金融管理、企业管理、国际贸易等相关领域专家，组织座谈、研讨和会评，结合先期自贸试验区金融创新案例情况，对"跨境融资服务模式"创新性、创新成效、风险防控及复制推广难易度等进行打分评价。

16.3　创新性评估

（一）主要创新点

1.跨境联动模式创新

工商银行大连市分行发挥内外联动渠道优势、国际业务专业优势，与亚洲、欧洲、美洲等多家海外分行积极互动，通过"全球询价、择优报价"的联动方式，引入海外分行低成本资金，满足地区外向型进出口企业融资需求。该业务不但降低了企业融资成本，也为客户提供了包括跨境结算、汇率风险管理、自贸试验区金融政策咨询、境内外经贸信息共享等一揽子服务。

2.风险参贷业务创新

工商银行大连市分行依据市场需求提出了风险参贷业务，即工商银行大连市分行作为邀请行，工行境外分行作为参贷行，邀请行在受理客户融资申请时，向参贷行发出参贷邀请，参贷行按照参贷比例先行支付融资款项，待参贷到期日，邀请行向参贷行偿还参贷款项的业务。在此业务中，参贷行仅提供融资资金，不承担风险；邀请行承担客户及开证行信用风险。采取风险参贷方式办理的业务包括：邀请境外机构参与办理信用证、托收、汇款项下各类国际贸易融资产品。该产品属于表外业务，不占用表内规模，切实地帮助企业降低风险资产，优化资产组合，满足企业低成本融资（如图16-3所示）。

3.资金渠道创新

在跨境风险参贷业务过程中，工行针对人民币跨境融资创新开辟独特资金渠道，办理跨境人民币风险参贷业务时，在与境外分行合作基础上创新引入先期自贸试验区分行（如广东横琴分行、厦门分行）参与业务，利用先期自贸试验区分行政策优势取得低成本人民币资

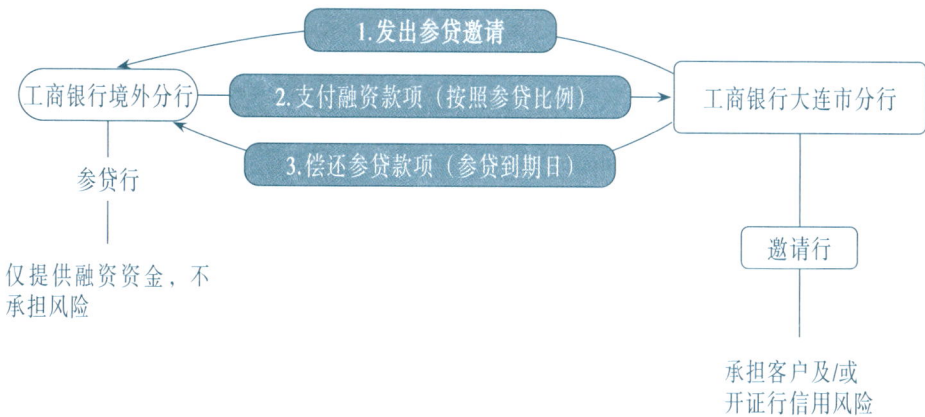

图 16-3　风险参贷业务

金，由工行与境外分行达成风险参贷业务意向并办理相关业务手续，由境外分行委托先期自贸试验区分行代其提供低成本跨境人民币资金，并由先期自贸试验区分行直接将低成本资金划转至工行融资企业账户。有效解决了境内企业人民币融资价格偏高、贷款规模紧张的问题，扩大了人民币跨境使用的范围。

（二）创新评价

目前的环境背景下，企业国外上游卖家实时收款备货需求和下游买家回款时间账期较长，存在资金缺口的融资需要，且近阶段美联储加息预期高涨，美元贷款成本不断攀升。另外，企业有境内备货或对外购付汇需求，而境内人民币资金面不断缩窄，资金价格上涨、资金头寸相对紧张，本笔贷款申请提款存在一定困难。在此现实基础上，工行提出的"跨境融资服务模式"具有多方面优势：第一，不受外债额度限制，可满足客户一定合理期限的融资要求，通过引入境外低成本外币或人民币资金，降低客户融资成本；第二，依托工行内外联动优势，境外分行寻找最优的市场价格，为境内出口企业解决在货物出运后资金回笼慢的问题，加快企业资金的周转率；第三，如采用跨境人民币融资可克服汇率波动的风险，减少结售汇的环节，加速资金使用效率。

将"跨境融资服务模式"对比原有做法，利用专家评价法，以"是国内领先做法、对原有做法大程度改进、功能性增强、改变了原有流程、更好地满足企业要求"为指标，1~5 的分值表示从非常不同意向非常同意依次渐进，请5位专家按照实际情况打分，取平均分为最终的专家评价分值。

从评分结果看，该融资模式中风险参贷业务创新程度较高，同时在风险管控和资金渠道方面也较为突出，可操作性较强。总体创新性得分4.52，达到较高水平（见表16-1）。

表16-1　　"跨境融资服务模式"创新性评估打分结果

大宗商品衍生品交易服务	国内领先水平	对原有做法改进程度	功能性增强	改变原有流程	更好满足企业要求	专家评价分值
跨境联动模式	4	4	5	4	5	4.4
风险参贷业务	5	5	4	5	4	4.6
资金渠道	5	4	4	5	5	4.6
可操作性	5	4	4	4	5	4.4
风险可控性	5	4	5	4	5	4.6

16.4　创新成效评估

（一）使企业申请贷款成本降低

工行"跨境融资服务模式"推出后，使企业能够有渠道享受到境外低成本的外币或人民币资金，降低了客户的融资成本。为境内出口企业解决在货物出运后资金回笼慢的问题，提高了企业资金的周转率。有效解决境内企业人民币融资价格偏高、贷款规模紧张的问题，扩大人民币跨境使用的范围。问卷调查结果显示，有91.67%的企业或机构认为通过工行"跨境融资服务模式"减少了其申请贷款的成本（如图16-4所示）。

（二）可操作性强，应用性广

工行"跨境融资服务模式"创新应用跨境本外币风险参贷业务，引入海外分行低成本资金，满足地区外向型进出口企业融资需求。相关功能应用设计具有较好的普适性，对于各行业的企业机构都有一定的操作空间，应用范围广。

（三）市场满意度高，拥有进一步发展空间

工行"跨境融资服务模式"帮助企业降低风险资产，优化资产组

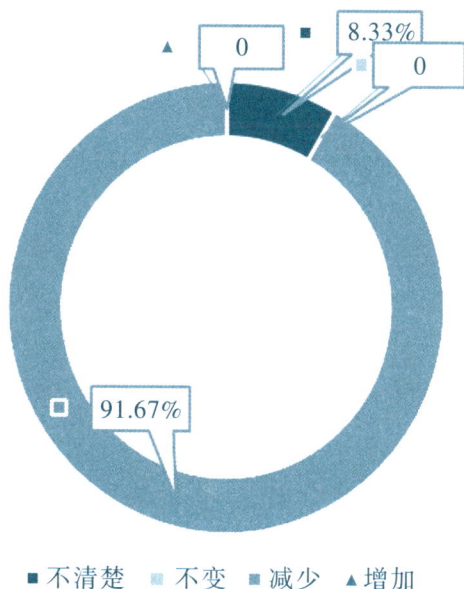

▲ 0　■ 8.33%
0
91.67%

■ 不清楚　■ 不变　■ 减少　▲ 增加

图 16-4　成效问卷调查结果

合，满足企业低成本融资，切实满足了企业需求。同时，为服务本地及自贸试验区客户、拓展跨境融资领域搭建了较好的平台，在市场上获得了普遍认可。问卷调查结果显示，93.52%的企业和机构对"跨境融资服务模式"感到非常满意，并且有81.48%的企业或机构认为"跨境融资服务模式"的发展前景非常不错，对该服务模式具有较高期待（如图16-5所示）。

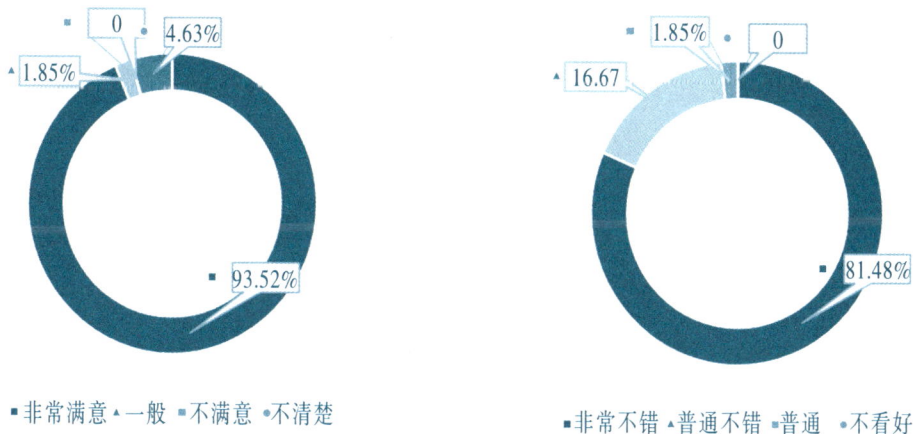

0　4.63%
▲ 1.85%
93.52%

■ 非常满意 ▲ 一般 ■ 不满意 • 不清楚

■ 1.85%　0
▲ 16.67
81.48%

■ 非常不错 ▲ 普通不错 ■ 普通 • 不看好

图 16-5　服务模式满意度问卷调查结果

16.5　风险评估及防控措施

（一）主要风险

工行采用跨境风险参贷方式办理国际贸易项下的各类融资业务，均纳入工行法人客户统一授信管理。对于占用客户授信额度的业务，按参贷比例相应扣减客户的授信额度。同时，对跨境风险参贷业务的贷前调查、贷中审批、贷后管理均比照一般法人信贷业务管理，因此，整个跨境融资交易模式风险可控。但是在实际业务过程中，仍有些风险无法完全避免，跨境风险参贷业务项下最主要的风险是虚假贸易融资风险。

（二）风险防控措施

1.深入了解客户，把握融资合理性。对客户的经营范围、生产经营特征、交易结算方式、盈利结构等进行深入分析，审慎把握其流动资金缺口与融资需求特点，根据实际销售进度确定合理融资期限。将企业融资总量与其生产能力、销售收入以及纳税申报等情况是否匹配纳入考察范围，借助海关进出口数据与企业实际贸易融资量进行合理性对比分析，及时深入企业实地核实可疑企业的生产运营情况，把握企业的真实经营状态。

2.加强单据审核，有效核实贸易背景真实性。在办理业务过程中，加强对进口开证及国际贸易融资业务的进出口报关单、保税项下货物进出境备案清单等物权单证的审核，确保单据完整性，符合单据流、资金流和货物流一致的基本原则。按客户建立以物权单证或报关单、备案清单为核心的国际贸易融资电子台账，防范企业运用同一套单据多头重复融资。

3.加强合规经营管理意识。对以低风险担保方式办理的国际贸易融资业务，认真把握其融资需求的合理性，避免因低风险业务而简化对贸易背景真实性的审核条件和标准。谨慎受理、从严办理基于保税区贸易和转口贸易背景的国际贸易融资业务，对保税区贸易通过核查物权单据、运输单据、出入库单据，实地勘查等多种方式确保贸易背景的真实性。

16.6 复制推广评估

（一）复制推广价值

工商银行大连市分行发挥内外联动渠道优势、国际业务专业优势，与亚洲、欧洲、美洲等多家海外分行积极互动，创新应用跨境本外币风险参贷业务，引入海外分行低成本资金，帮助企业降低风险资产，优化资产组合，满足地区外向型进出口企业融资需求。"跨境融资服务模式"在金融服务创新领域具有较强的示范意义，具有可操作性高、应用性广的优势，为业务拓展和复制推广等进一步服务创新奠定基础。

（二）复制推广条件

工商银行"跨境融资服务模式"可推广性及可复制性较强，只要是办理国际贸易融资的客户均可办理此业务。因此，跨境风险参贷业务主要依靠大型商业银行多元化的报价机制、丰富的境外机构询价渠道，推广过程中重点需要大型商业银行的技术支持与境外资源分享，通过境内外联动合作，为客户提供优惠融资报价，切实降低企业融资成本，为境内外广大客户提供更多更好的金融服务。

17 创新案例十七：创新跨境供应链融资综合金融服务

17.1 案例概况

（一）案例描述

在经济全球化的大背景下，企业生产分工模式逐渐改变，从企业内部的产供销一条龙模式转化为不同企业间的产供销专业化分工，形成清晰的产业供应链。大客户的融资需求锐减，而在产业链条中，上下游企业的融资需求不断增强，为了提高供应链的整体竞争力，企业的供应链金融需求日益迫切。鉴于这样的市场情况，建设银行充分考虑大连地区部分国有行业龙头企业或优质跨国公司综合情况，积极推动国际贸易供应链融资服务。为优质核心客户设计个性化的国际贸易跨境供应链融资服务方案，为客户开展国际贸易跨境供应链服务，满足了核心企业及上下游卫星企业融资需求。根据《中国（辽宁）自由贸易试验区大连片区金融创新工作方案》中关于"发展供应链金融"的有关精神，将综合型跨境供应链融资服务拓展至自贸试验区内企业。

如此，核心企业可以在自贸试验区内设立分子公司、在境外设立采购或销售平台，改变传统的融资授信模式，将核心企业的信贷优势传导至上下游卫星企业（如图17-1所示）。

（二）业务流程

1.前期定位调研。通过前期调研，了解行业特性、交易习惯、市场容量、分析潜在的业务机会。通过渠道获取行业以及核心企业的相关数据，对核心企业进行确认，调查核心企业是否满足准入标准，包括：核心企业是否位于产业链条中相对核心地位；核心企业主营产品是否具有较强的市场竞争力，所处行业是否具有良好的发展前景，

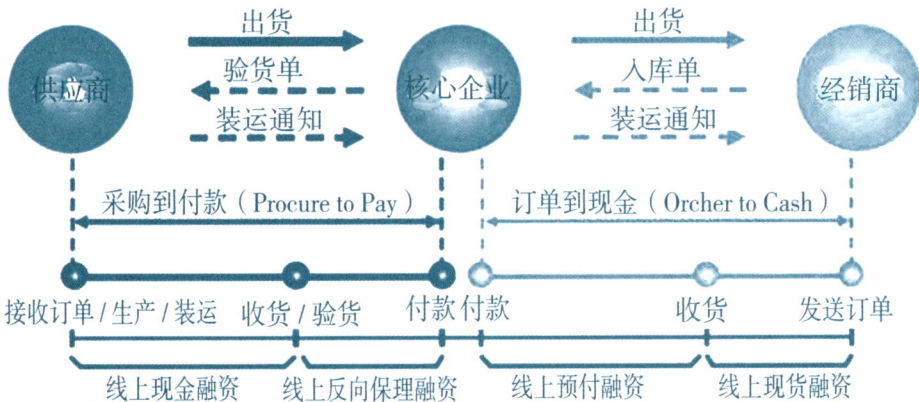

图 17-1 港口跨境融资链示意图

在国内同行业中是否排名靠前；核心企业是否具有稳定的原料、零配件供应和产品分销网络等。其次，明确上下游卫星企业。这里主要依据卫星企业的主营业务是否与核心企业配套并且主要服务于核心企业为标准。另外，建行对于卫星企业的主营业务、财务盈利状况、征信记录、竞争力与前景、核心企业的评价等方面着重进行调查。

2.设计个性化的跨境供应链综合服务方案。建设银行根据具体情况，自行承担或联动海外分行，评估核心企业的风险承担能力，综合各卫星企业的需求，来设计服务方案。其中包括对核心企业授信额度进行整体分配、提供相互协助的服务安排、明确各卫星企业拟占用额度以及搭配的产品种类等。将分销商、核心企业、供应商以及贷款方这四方主体形成的供应链体系搭建起来。形成一种关系树的结构，从而进一步明确核心企业、上下游卫星企业以及贷款方的各项权利、义务以及责任。

3.单笔业务办理。根据供应链项下融资申请人的申请，对企业的贸易项目进行核查，检查贸易相关的单据是否真实，对于相关应收账款进行核实。保证每一笔贷款的发放都基于一个真实的贸易项目，进而办理跨境供应链融资业务项下的各类贸易融资业务品种。

4.审批。根据前期所做的工作，形成具体的符合客户特性的贷款方案。交由相关部门审批。

5.放款。对于各个方面标准都符合的企业进行授信。

6.贷后管理。实时关注企业的动态发展，监测企业的现金流与物流的情况，防范相关风险的产生（如图17-2所示）。

定位 ➡ 关系树 ➡ 业务办理 ➡ 审批 ➡ 放款 ➡ 贷后管理

图17-2　业务流程示意图

（三）主要成效

通过定制化产品策略，为优质核心客户设计个性化的国际贸易跨境供应链融资服务方案，本年累计实现信贷投放折人民币达到10亿元。

17.2　评估方法

（一）创新主体访谈

2018年1月，多次重点对中国建设银行大连市分行进行访谈，深入了解推出"创新跨境供应链融资综合金融服务"的背景、目标及操作细则，从宏观层面了解落实效果，并收集相关资料和案例素材。

（二）企业深度访谈

通过深度走访综合金融服务的相关代表性企业，听取企业对"创新跨境供应链融资综合金融服务"的影响度和满意度，以及企业对该平台进一步提升的建议，从市场发展需要的角度对创新措施的落地性进行评估。

（三）专家评价法

邀请金融管理和企业管理的专家，对"创新跨境供应链融资综合金融服务"的创新性和推广难易度进行打分评价。

（四）企业问卷调查

综合考虑行业属性、企业类型等因素，选取具有代表性的企业发放问卷，调查企业对"创新跨境供应链融资综合金融服务"的使用感知和效用，并了解在该领域未来的需求方向。

通过电子问卷的方式，共回收59份。针对回收的问卷，根据三个标准进行筛选，剔除无效问卷：一是问卷中有缺漏项，影响数据分析的有效性；二是答卷者没有认真填答问卷，例如所有条目都圈选同一分值；三是答卷者在答卷时选择分值有矛盾现象，如同一内容题项，前后选择分值相差太大。根据以上三个标准，本研究从59份问卷中筛选出52份有效问卷，有效问卷率88%。

从企业类型看，民营企业占到样本量的74.51%，外资企业（不含港澳企业）占15.69%，二者构成了样本的主体部分。另有国有企业和港澳企业，分别占5.88%和3.92%，体现了样本企业类型的多样性（如图17-3所示）。

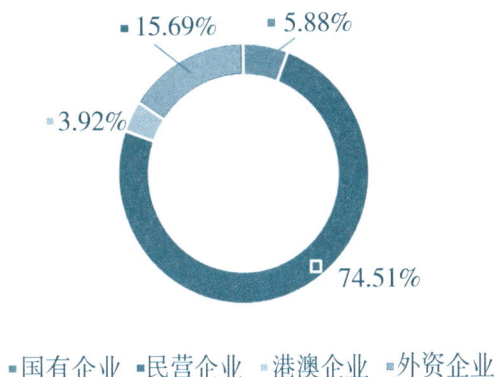

图17-3　企业类型调查问卷数据

从企业属性来看，有限责任公司占总样本量的51.92%，成为调研样本的主要构成部分。另有独资企业5.77%、股份有限公司13.46%、有限合伙企业9.62%和普通合伙企业19.23%，表明样本结构合理（如图17-4所示）。

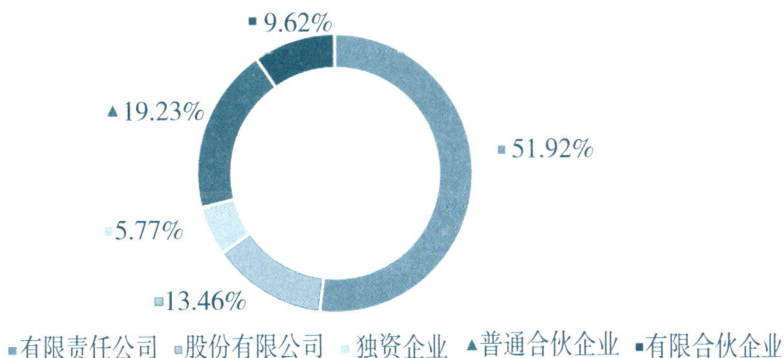

图17-4　企业属性调查问卷数据

17.3　创新性评估

（一）主要创新点

1.融资模式的创新

以往，海外设立的一些境外采购以及销售平台因为规模小、资本不足的原因，往往在银行融资的交易中处于劣势地位，很难获得银行低成本的资金，只好寻求市场上成本较高的资金，提高了经营成本与风险。建设银行考虑到这种情况后，结合供应链融资的思想，在以往传统的融资模式上做出创新（如图17-5所示）。

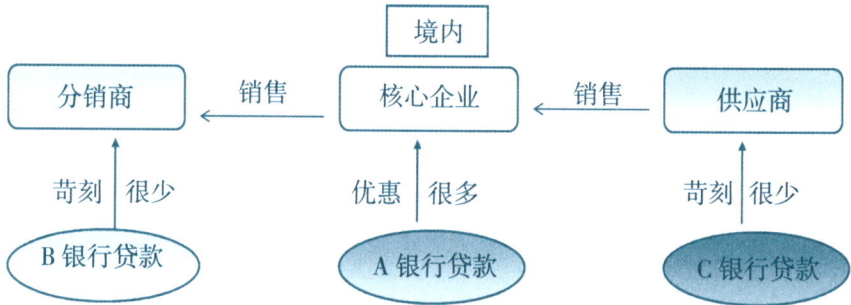

图 17-5　传统的融资模式

核心的优质企业往往不需要太多的银行授信额度，但它可以通过在自贸试验区内设立分子公司或在境外设立采购或销售平台的方式，将核心企业多余的授信额度分配到其子公司或采购销售平台上。通过这种跨境供应链融资形式将信用延展至上下游卫星企业，解决卫星企业融资问题（如图17-6所示）。

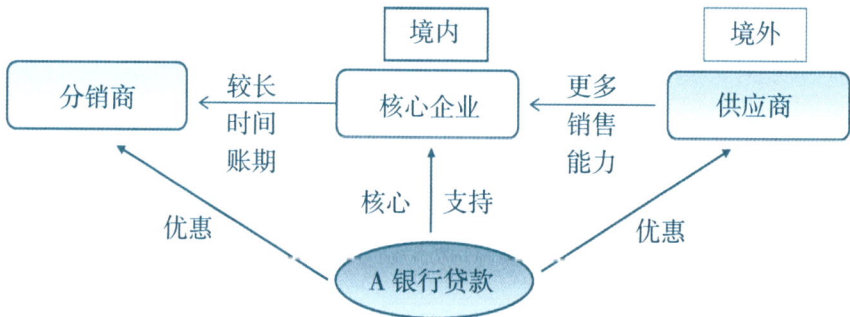

图 17-6　跨境供应链融资模式

2.境内、境外联动模式的创新

建设银行有着丰富的海外资源，分支机构和代理行遍布全球，依托着这样丰富的渠道资源，建设银行在处理跨境供应链融资项目时可以通过境内外联动的方式更好地满足客户的需求，拓宽了跨境资金融通渠道，包括联合海外分行为客户提供资金，进一步降低资金成本和风险，也促使企业更好地参与到国际金融中来，践行"走出去"的政策，打通境内外的壁垒，将海内外相关资源进行整合。最终实现通过与境内外机构联动，整合各方资源的方式，将自贸试验区政策优势与产品优势、全球服务能力优势有机结合，做好自贸试验区客户金融服务。

3.经营模式创新

建设银行实行"1+N+1"的模式和"两全三化"的模式。前者指的是一个核心企业的上下游存在 N 个卫星企业，银行需要做的就是把两者进行整合，分析其中潜在的获利机会。后者之中的"两全"指的是"全量客户"，建设银行将关注点放在整个产业链上的全部客户，提升了产品的覆盖范围；"全区域"包括境内区域与境外区域的业务，因此，跨境供应链融资业务不单单涉及境外资源的利用，也涉及境内区域企业的生产经营和销售的问题，将内部贸易和外部贸易相融合。"三化"指的是本外币一体化、境内外一体化、线上下一体化。由此，建行这种具有创新意义的跨境供应链融资模式在"产融结合、脱虚向实"的产业升级背景下，进一步加强了全产业链的整合，大幅提升了供应链运营效率、整体竞争力，促进生态圈的建立和繁荣。

（二）创新性评估

采用专家评价法这一国内领先做法、选取了是否是国内领先做法、对原有做法改进程度、功能性增强、改变原有流程、更好地满足企业要求为指标，设定1~5的分值表示从非常不同意向非常同意依次渐进，邀请了5位专家按照实际情况打分，取平均分为最终的专家评价分值。从专家打分情况来看，跨境供应链融资具有显著的创新性（见表17-1）。

表17-1   专家对"跨境供应链融资"制度创新性评估打分情况

跨境供应链融资	国内领先做法	对原有做法改进程度	功能性增强	改变原有流程	更好满足企业要求	专家评价分值
内外联动	5	4	3	4	5	4.2
授信分配	5	4	5	5	5	4.8
经营模式	5	4	5	4	5	4.6

17.4 创新成效评估

（一）应用覆盖范围比较广泛

目前，建设银行为优质核心客户设计个性化的国际贸易跨境供应链融资服务方案，已经搭建了包括轮胎制造、成套设备进口、医药销售以及化工品生产等多行业的跨境供应链并实现信贷投放，可以为客户开展国际贸易跨境供应链服务，满足了核心企业及上下游卫星企业融资需求。

（二）有效解决中小企业融资难的问题

创新跨境供应链融资模式解决上下游配套企业（卫星企业）融资难问题：通过供应链融资为上下游配套企业解决了抵押难、成本高、风险大的问题，克服准入门槛约束，如担保、抵押、评级等，壮大自身竞争力。根据问卷的数据显示：跨境供应链融资产品服务的中小企业的比例占到82.69%。通过供应链融资减少资金缺口的企业达到86.54%。因此，该项目具有良好的实际操作的成效（如图17-7所示）。

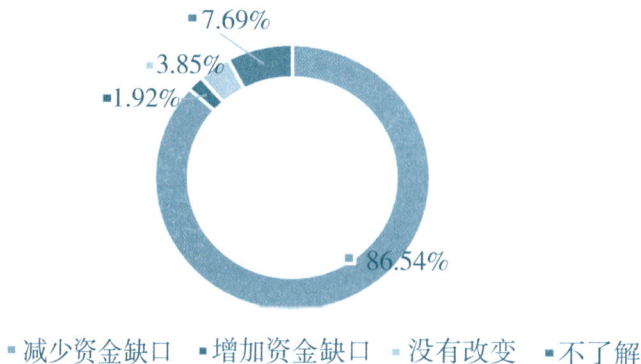

■7.69%
■3.85%
■1.92%
■86.54%

■减少资金缺口 ■增加资金缺口 ■没有改变 ■不了解

图17-7 调查问卷示意图

（三）降低企业的融资成本

建设银行通过与境外分行联动的方式，为客户获取境外的低成本资金，有利于降低企业的经营成本，提高企业抵御风险的能力。根据数据显示：有 80.77% 的企业表示，通过境外供应链融资的方式降低了获取资金的成本，有利于中国实体经济更好发展（如图 17-8 所示）。

■ 降低资金成本 ■ 增加资金成本 ■ 没有改变 ■ 不了解

图 17-8 调查问卷示意图

17.5 风险评估及防控措施

（一）主要风险点

根据问卷调查结果，相关企业或机构对该系统应用的风险感知也集中在市场风险、信息不对称风险，其中 48.08% 的企业对产品的市场风险存在担忧，而 23.08% 的企业对该产品的信息不对称风险存在担忧（如图 17-9 所示）。

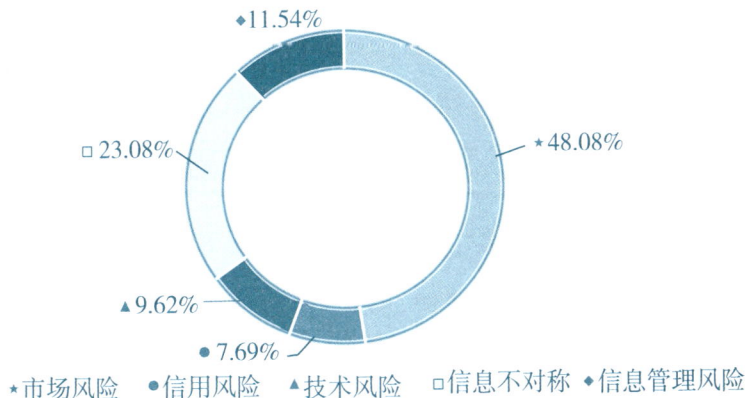

★市场风险 ●信用风险 ▲技术风险 □信息不对称 ◆信息管理风险

图 17-9 调查问卷示意图

1.市场风险不断加大

市场风险的出现是商业银行在开拓跨境供应链金融业务方面不得不正视的问题。由于国际贸易打破了地域的限制，主客体之间具有复杂性和多样性，因此，银行在对供应链的监控和管理上具有更大的难度。外部环境的不确定性，如外汇汇率的大幅波动、国家政局不稳定、外汇管制、经济波动等，阻碍国际贸易顺利进行的一切因素都可能是商业银行开展跨境供应链金融业务风险的来源。

2.供应链融资过程中的信息不对称

供应链中的信息传递偏差导致的信息不对称会加剧商业银行的风险。由于相关的法律法规不健全、对市场的运行机制缺乏有效的监督管理、企业与企业之间的信用氛围不能真正形成等，一些企业与商业银行及供应链上的其他企业合作的时候会故意隐藏一些信息，使商业银行和其合作伙伴不能得到准确的信息，不能及时了解市场需求的真正波动情况，造成信息偏差，使银行信贷风险加大。

（二）风险防范措施

1.采用多种手段，控制银行风险

建设银行从多角度、多方面控制风险，包括对企业财务情况的审查，对比核查企业销售收入、回款、国际收支量以及通关量等数据，细化对企业的了解，及时把握异常变化，防范风险；审查企业是否有真实的贸易以及货权和资金流的监管。例如：贸易融资以真实贸易背景作为基础，对真实性进行审核，不仅要关注合同、单据表面以及不同单据各要素的真实性、一致性和逻辑性，更要核实关键单据如海运提单、报关单等的实质真实性；银行利用其信用评估和风险控制的方法，建立对客户的信贷动态分级制度，对客户进行全方位信用管理；主动风险管理，保持风险敏感性，加强贷前、贷中和贷后管理，实施全产品、全覆盖的风险监控；通过资金交易类产品的搭配，合理规避因汇率波动产生的风险；合理运用各种保险业务，建设银行与多家保险公司合作，积极引用国内相关的信用保险，规避相关的风险。

2.各方信息共享

信息共享是商业银行开展供应链融资的业务基础，因而能解决供应链融资过程中的信息不对称问题。在提供跨境供应链金融业务当中，建设银行动态地把握信息。首先，建立敏锐的市场商品信息嗅觉，通过网站等公开信息渠道了解，例如涉及大宗商品的，充分利用专业网站了解市场价格及相关信息等，规避产品市场风险。其次，通过与核心企业的对接，准确把握行业上下游的信息，从而做到提前预警，更好地研判上下游的卫星企业，并且实时监控企业将来发展运行情况，这对银行严守风险底线来说非常重要。通过信息的无缝连接、交换和共享，建设银行能准确地掌握供应链上企业在各个业务环节上的信息并及时跟踪，有效减少供应链融资过程中的信息不对称，规避融资风险并提高融资效率。

17.6 复制推广评估

（一）复制推广的价值

1.培养和构建产业生态圈

在"产融结合、脱虚向实"的产业升级背景下，供应链金融是应"产业发展需求"而生的，通过供应链金融能够提升供应链运营效率、整体竞争力，促进生态圈的建立和繁荣。

2.提升核心企业竞争力

通过供应链融资核心企业稳定供销渠道，提升市场竞争能力，壮大了以自己为核心的供应链实力，进一步降低供应采购成本，利用信用延伸，拓宽销售网络。

3.实现了"物流"、"资金流"和"信息流"的整合

综合性跨境金融服务，基于核心企业和上下游企业之间的应收、应付账款和存货，结合企业贸易结算方式，为核心企业及上下游企业提供在采购、生产、销售等各个环节上的相关贸易融资产品，从而形成一套完整的贸易融资解决方案的金融服务。

综上，"跨境供应链融资"在金融服务创新领域具有较强的创新和示范意义，为业务拓展和复制推广等进一步服务创新奠定基础。

（二）复制推广的条件

目前，"跨境供应链融资模式"复制推广的条件较好，基本可以

应用于大多数的进出口企业，而且建设银行将这一产品进行系统化的分类，包括：出口供应链融资；核心企业在境内采购原材料或相关零部件，其产成品主要销往境外。

1.进口供应链融资。核心企业主要在境外采购原材料或相关零部件，其进口的原材料或生产的产成品主要在境内销售。

2.两头在外供应链融资。核心企业在境外采购原材料或相关零部件或同时在境内采购部分原材料或部分零部件，其产成品销往境外。

3.跨境供应链融资。核心企业在境内、卫星企业（销售或采购）平台在境外的情况。由此，可以推广应用到不同的企业与贸易中来。

18 创新案例十八:"通港达"精准服务港口经济

18.1 案例概况

(一)案例描述

大连北良港是我国"北粮南运"大通道的重要枢纽,也是目前世界上技术先进,中转能力最大的现代化散粮运输码头之一。近年来,由于受经济周期及粮食价格波动的影响,北良港的粮食吞吐量有所放缓。为突破发展瓶颈,有效运用北良港资源,为东北腹地粮食产区提供快捷有效的综合服务,大连建行产品创新实验室为中国华粮物流集团北良有限公司量身打造了"通港达"供应链融资服务,打破了港口及各类在港粮食贸易企业在粮食流通中转中的资金瓶颈,丰富了港口融资模式,使金融更好地服务于实体,服务于中小企业。港口供应链融资示意图如图18-1所示。

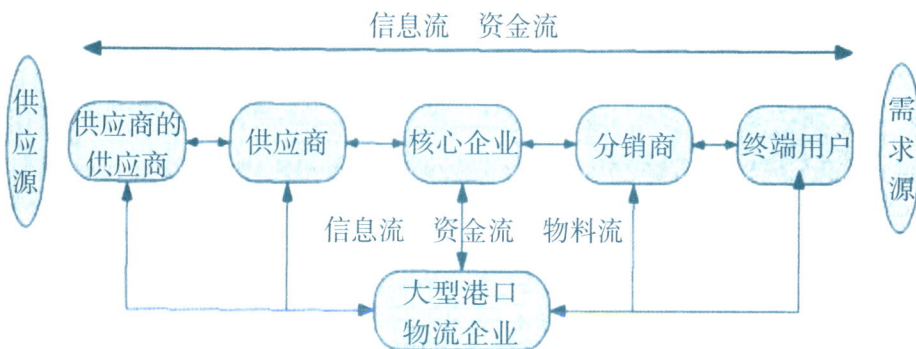

图18-1 港口供应链融资示意图

(二)业务流程

1.申请:有融资需求的企业向建设银行提出申请,并将相关的材料提交到建设银行,以便银行进行初步审核,进而判断是否能够通过融资申请。

2.准入：建设银行利用北良港在行业中的信息资源，判断企业是否具有准入资格。

3.客户评级：通过对客户经营情况、财务状况、征信记录等各个方面的情况进行审核，降低融资过程中可能出现的风险。

4.签订仓单质押合同：保证对物权的绝对占有，从而降低信用风险。

5.放款：将整个融资方案审批过后，可以根据质押率的情况发放贷款。

6.还款：企业归还贷款后解压仓单。

业务流程如图18-2所示。

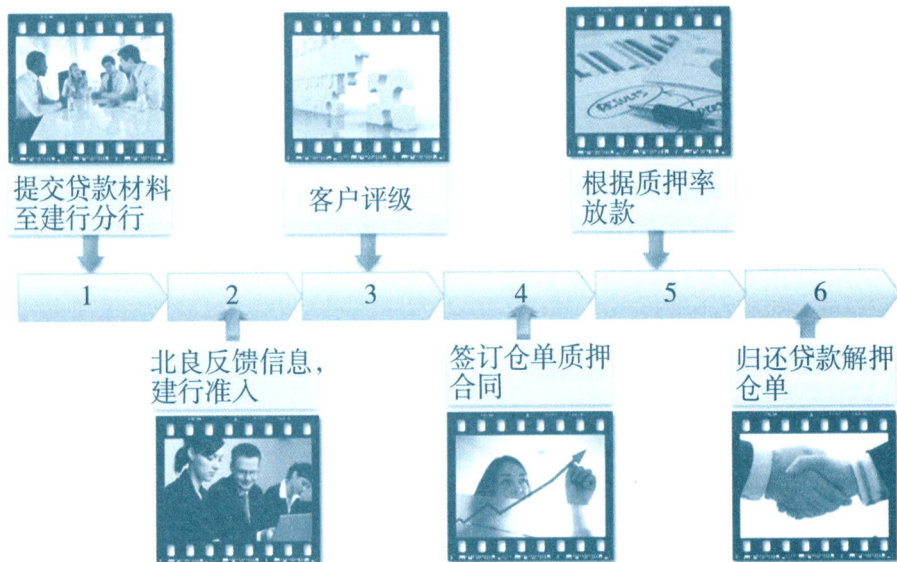

图18-2　业务流程示意图

（三）主要成效

通过定制化产品策略，经过多轮与北良公司及其在港企业磋商，最终确定了业务模式，并根据本业务特点制订了行之有效的风控方案。"通港达"业务最终在2016年12月实现首笔投放，标志着专业服务于港口经济的定制化供应链融资服务取得突破性进展。

18.2 评估方法

（一）创新主体访谈

2018年1月，对中国建设银行大连市分行进行访谈，深入了解推出"通港达"供应链融资服务的背景、目标、实施细则、实施过程及落实效果，并收集相关佐证材料。

（二）企业深度访谈

2018年1月开始，对应用供应链融资服务的相关企业进行访谈调研，具体了解企业对"通港达"供应链融资服务的感知效果，并收集相关企业对该平台进一步改进的建议和意见，对该平台的实施成效进行质性评估。

（三）企业问卷调查

综合考虑行业属性、企业类型等因素，选取具有代表性的企业发放问卷，调查企业对"创新跨境供应链融资综合金融服务"的使用感知和效用，并了解在该领域未来的需求方向。

通过电子问卷的方式，共回收73份。针对回收的问卷，根据三个标准进行筛选，剔除无效问卷：一是问卷中有缺漏项，影响数据分析的有效性；二是答卷者没有认真填答问卷，例如所有条目都圈选同一分值；三是答卷者在答卷时选择分值有矛盾现象，如同一内容题项，前后选择分值相差太大。根据以上三个标准，本研究从73份问卷中筛选中67份有效问卷，有效问卷率达到92%。

从企业类型看，民营企业占到样本量的55.22%，外资企业（不含港澳企业）占22.39%，二者构成了样本的主体部分。另有国有企业和港澳企业，分别占14.93%和7.46%，体现了样本企业类型的多样性。调查问卷如图18-3所示。

从企业属性来看，有限责任公司占总样本量的67.16%，成为调研样本的主要构成部分；另有独资企业、股份有限公司、有限合伙企业和普通合伙企业，表明样本结构合理。

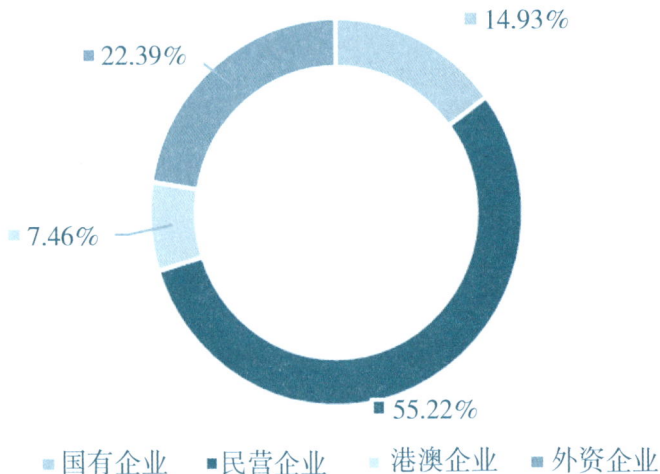

图18-3　调查问卷示意图

（四）专家评价法

邀请金融管理、企业管理、国际贸易等相关领域专家，组织座谈、研讨和会评，结合先期自贸试验区金融创新案例情况，对"通港达"供应链融资服务创新性、创新成效、风险防控及复制推广难易度等进行打分评价。

18.3　创新性评估

（一）主要创新点

1.银企责任捆绑模式创新

供应链上企业间的交易过程是信息流、物流和资金流的集成，而且这种集成相对封闭，供应链融资组织者主要是通过对供应链上企业间交易细节的监控，借助核心企业的信用实力或单笔交易的自偿程度与货物流通价值，对供应链单个企业或上下游多个企业提供全面金融服务，以促进供应链核心企业及其上下游配套企业"产-供-销"链条稳固和流转畅顺。因此，开展供应链融资业务需要重点考察特定融资企业的整体经营状况及其与供应链上下游企业的关系和交易细节。

建设银行与北良港通过银企责任捆绑，有效化解业务风险。通过核心港口的信用输出，在风险共担的合作思路下，银行与北良港共同对质物提供监管与应急处置，进一步控制业务风险。

2.融资模式创新，降低准入门槛

建设银行将自身对资金在体系内部的流动和监管的优势与北良港在物流以及产业方面的优势相结合：将传统意义上的对每个客户个性化融资分析变成了建模之后对物权的监管，突破了授信额度的限制，并解决了信息不对称的问题。以往无法确定真实性的贸易合同，在如今数字信息化的流转监控系统下无所遁形，极大地降低了信用风险。

另外，这种融资模式的创新大大降低了企业的准入门槛。只要是北良港推荐的交易商，或持有建设银行与北良港认可的仓单即可获得融资服务。而且，各交易商无须授信，可占用核心企业供应链融资额度来满足自身的融资需求。港口供应链融资环境示意图如图18-4所示。

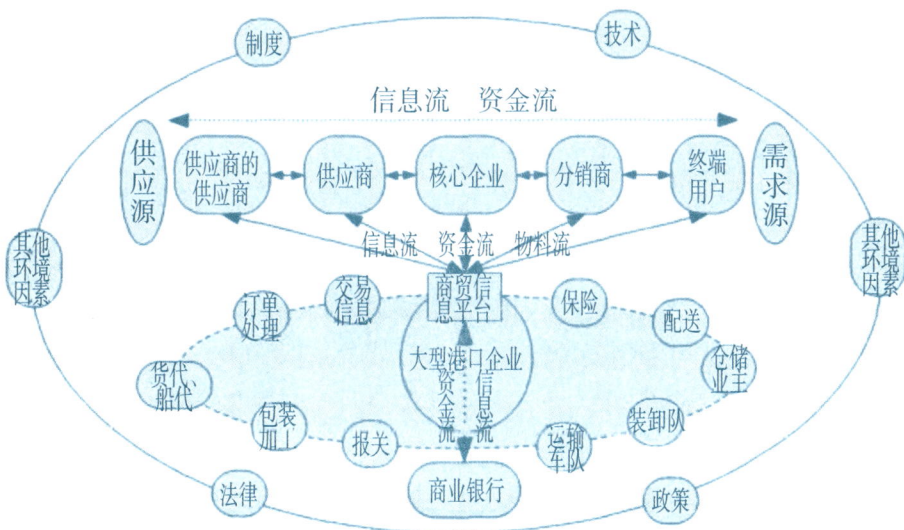

图18-4 港口供应链融资环境示意图

3.打破地域限制，实现一点对全国融资服务

"通港达"业务以北良港为中心，向上游辐射到各大粮食主产区，服务范围突破地缘限制，实现一点对全国的信贷投放效果，有效化解了广大中小型粮食贸易企业在转港运输过程中遇到的各类融资瓶颈。建设银行将这些被不同地域的服务部门所打断的贸易还原，使贸

易的物权价值可以随时变现，突破了传统授信属地化管理。

4.风险控制模式创新

"通港达"业务在监管环节，实现了物流监管、商流监管、资金监管的有机结合，将质物流通环节与信贷资金流通环节进行节点映射，实现了物流、资金流、信息流的统一。通过优化审批放款流程，采用物流跟单支用，最快可实现T+1放款到账。"通港达"业务主要以融资企业交易和经营过程中的动产为质押，以港口物流对动产的监管为风险保障。在以北良港为综合平台构建的供应链融资体系中，融资企业的动产本身就处于港口物流企业的监管之下，能够给予各类动产质押物最专业的储运。并且，作为北良港的控股公司，中粮集团经常参与供应链中企业原材料的采购和产品销售，比较了解质押物的特点和价值，与建设银行签订包销协议，一旦融资出现风险，中粮集团依据每天对粮食的实时报价履行包销义务，进而使建设银行很好地转移风险，达到风险控制的效果。

（二）创新性评估

本评估采用专家评价法这一国内领先做法，选取了是否为国内领先做法、对原有做法改进程度、功能性增强、改变原有流程、更好地满足企业要求为指标，设定1~5的分值表示从非常不同意向非常同意依次渐进，邀请了5位专家，按照实际情况打分，取平均分为最终的专家评价分值。从专家打分情况来看，"通港达"业务具有显著的创新性。专家对"跨境供应链融资"制度创新性评估的打分情况见表18-1。

表18-1　专家对"跨境供应链融资"制度创新性评估的打分情况

跨境供应链融资	国内领先做法	对原有做法改进程度	功能性增强	改变原有流程	更好地满足企业要求	专家评价分值
银企捆绑	5	4	4	4	5	4.4
信息共享	5	4	5	4	5	4.6
融资模式	5	5	5	4	5	4.8
风险控制	5	4	5	5	5	4.8

18.4   创新成效评估

（一）提高融资效率

建设银行设计的"通港达"产品通过优化审批放款流程，采用物流跟单支用，最快可实现T+1放款到账，大大提高了企业获取融资的效率。根据问卷数据可知：有86.57%的企业通过"通港达"业务提高了贷款发放的速度，加速了资金流的运转。

调查问卷示意图（一）如图18-5所示。

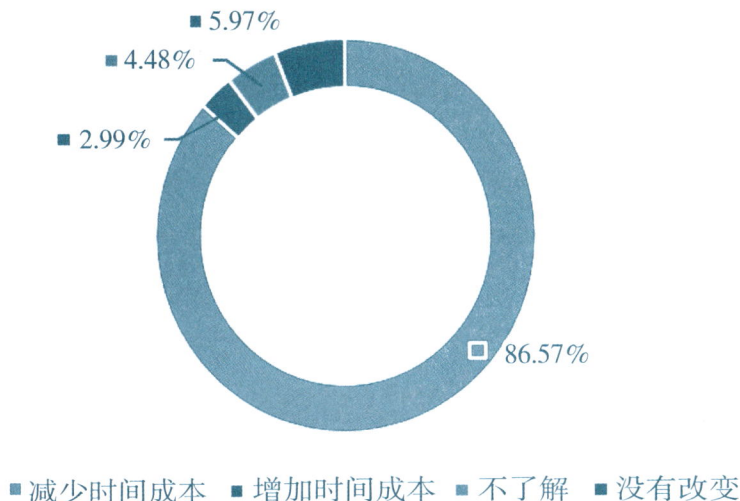

■ 减少时间成本   ■ 增加时间成本   ■ 不了解   ■ 没有改变

图18-5   调查问卷示意图（一）

（二）帮助交易商弥补资金缺口

由于粮食贸易的行业特点，其主体企业多为中小型轻资产企业，通过"通港达"业务的投放，众多北良港在港中小贸易企业取得了成本低、效率高的金融服务，使港口、在港企业、银行实现共赢。根据问卷数据可知：有79.10%的企业通过"通港达"业务有效缓解了融资难的问题。调查问卷示意图（二）如图18-6所示。

（三）平台应用拓展需求较大

"通港达"业务的投入运营，在获得相关企业或机构普遍认可的同时，也形成相关用户对该平台继续拓展功能、扩大业务和深度创新的需求。问卷调查结果显示，34.33%的企业或机构认为"通港达"

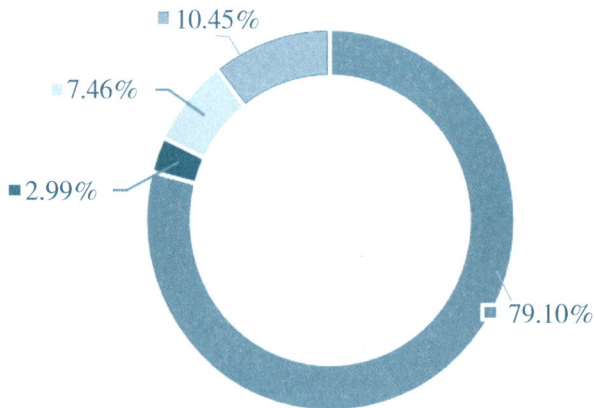

■减少资金缺口　　■增加资金缺口　　■不了解　　■没有改变

图18-6　调查问卷示意图（二）

业务下一步的重点发展内容是扩大服务范围，而38.81%的企业或机构对该平台的信息管理有更高的期待。调查问卷示意图（三）如图18-7所示。

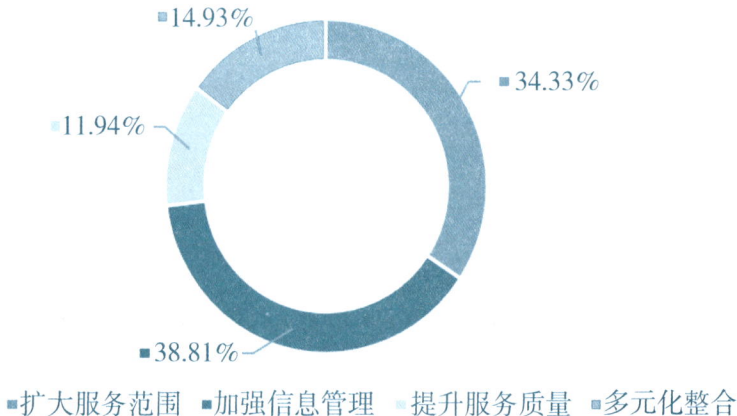

■扩大服务范围　■加强信息管理　■提升服务质量　■多元化整合

图18-7　调查问卷示意图（三）

18.5　风险评估及防控措施

（一）主要风险点

根据问卷调查结果，相关企业或机构对该系统应用的风险感知也集中在信用风险、物价管理风险，其中41.79%的比例对产品的信用风险存在担忧，而31.34%的比例对该产品的操作风险存在担忧。

1.信用风险

参与港口供应链融资的主体比较多元，这些主体在港口供应链融资业务中既有共同的利益取向，也有不同的利益诉求。当利益产生冲突的时候，一些主体便可能做出损人利己的行为而出现信用风险。

2.操作风险

由于目前我国信用系统比较薄弱，还没有建立起较为完善的信用体系，存在信息不对称和扭曲现象，涉及国际贸易的供应链融资时，对国外核心企业信用状态的了解则更为薄弱，因此对供应链上的动态风险监控可能存在一定的疏漏。"通港达"业务主要防范的是物价管理风险和物权钱的转化风险。

（二）风险防范措施

1.物流跟踪方面：核心港口企业（北良公司）通过传感器、手机终端APP动态、实时获取货物的实时状态，实现对物流全流程的监管，在货物入港后，北良公司可对仓实行第三方锁仓，没有质权方的许可不能开仓，物流运输为铁港联运，铁路运输部分为北良自有专业列车。

2.价格管理方面：借鉴网络银行进行每日无负债管理，对质物价格每日更新，价格波动超过5%时提前还款。

3.核心企业受让责任：每日无负债处理不成功、价格下跌超过20%、到期债务无法偿付等情况出现时，北良公司以不低于在港企业贷款本息及相关费用的价格对质押货物进行受让。

"通港达"业务通过强化对核心港口企业（北良）的要求，综合考量其物流监管能力、价格监控能力、质物处置能力；适当弱化对借款主体（在港企业）的要求，在动产质押业务基础上，通过风控手段设置，通过占用核心港口企业额度，实现对全国的供应链融资服务，充分发挥北良重资产建设优势，为在港贸易企业提供融资服务，总体风险可控。

18.6　复制推广评估

（一）复制推广价值

"通港达"业务是针对粮食贸易链条中为客户提供的物权类融资产品。在实际应用中，传统授信受限于粮食贸易，尤其是国家储备粮贸易的交易特点，同时受制于贸易企业自身规模及银行属地管理等诸多因素，无法获得满足实际贸易特点与客户需求的信贷融资服务。该创新通过分析核心港口企业与粮食贸易企业的业务模式，创新提出为以核心港口企业为依托，通过全程控制物流与信息流，解决粮食贸易企业在贸易中产生的融资需求的综合金融服务产品。港口供应链融资示意图如图18-8所示。

图 18-8　港口供应链融资示意图

在具体产品应用过程中，紧抓北良港转型发展、集团内战略布局及职能分工的梳理这一契机，集合其战略定位及风险控制能力，制订个性化供应链融资服务方案，助力港口发展。随着企业交易管理职能及电子信息化建设的完善，注入物联网思维，拓宽业务思路，实现业务及客户规模的快速提升。

（二）复制推广所需条件

大连地处东北亚地区的中心地带，背靠东北和内蒙腹地，面向日韩和东南沿海经济发达地区，成为连接两大不同发展梯次地区的门户和枢纽。大连市物流基础设施体系日渐完善，大连拥有公路、铁路、海运、民航及输油管道五种运输方式为一体的运输网络体系，为建设东北亚国际物流中心提供了重要的物流基础设施保障。《辽宁沿海经济带发展规划》国家战略，明确要求大连市要加快东北亚国际航运中心、东北亚国际物流中心、区域性金融中心及贸易中心为主的"四个中心"建设。大连市是国家推出的十一个区域发展战略中的两个明确定位为区域性物流中心的城市之一。

大宗商品一直以来是国民经济发展中的重要基础物资，相关产业具有一些典型共性特征：一是消费需求旺盛，商品流通量巨大；二是资金需求量大，客户融资需求强烈；三是流通环节多市场化运作，参与群体庞大；四是对技术应用或融资便利等新模式所带来的成本节约具有较强的敏感度；五是传统信贷服务难以适应并满足多数客户的需求。随着电子商务技术的发展与应用，各类大宗商品电商平台不断涌现，主要集中在粮食、煤炭、石化等相关行业。大宗商品专业电子商务市场的出现，为大宗商品产业提供了新的贸易模式与资金渠道，引导大宗商品产业向着更加公开、透明、规范的市场机制进行转变，这为银行参与相关金融服务合作提供了平稳、有利的市场环境。

粮食周转贸易是大宗商品供应链贸易中的重要一环，是典型的物流、资金流、信息流三流合一型供应链。在市场环境上，东三省现有仓储粮1.5亿吨，另外每年还有8 000万吨左右的新粮投放市场。随着国储粮政策的调整，粮食市场整体回暖，预计东三省的储备粮、加工粮和贸易粮的粮食融资业务需求以及北粮南运市场的资金需求约为2 000～3 000亿元，市场潜力巨大。

综上，"通港达"业务具有良好的复制推广条件。

19 创新案例十九：大宗商品衍生品交易服务

19.1 案例概况

（一）案例描述

大宗商品是产业经济不可或缺的基础原材料，是实体企业生产经营成本的重要组成部分，大宗商品平台建设和衍生品交易服务也是自贸试验区金融创新的重点。结合国家外汇管理局大连市分局发布的自贸金融改革创新指导意见，中国银行大连市分行充分发挥其集团境外大宗商品平台优势，为区内某大宗商品贸易企业办理了首笔大宗商品衍生品交易服务，即银行与企业作为交易双方，以大宗商品（基本金属、能源、农产品等）为标的物进行场外（OTC）远期交易，从而达到套期保值的目的，有效丰富了实体企业风险对冲和成本管理手段，同时也解决了企业对后续外币损益兑换的后顾之忧。

（二）业务流程

中国银行大连市分行依托其集团境外大宗商品平台，凭借此优势获准成为国际上多家大型交易所清算会员资格，为境内企业提供大宗商品衍生品交易服务。

境内企业基于自身真实保值的需要，可以向中国银行提出套期保值的申请，由中国银行凭借国际上多家大型交易所清算会员资格在国际市场与境外交易所进行境外对冲平仓。银行发挥自身平台功能进行资源整合，为客户提供灵活多样的套期保值服务。在经过一系列背景核查程序后，银行与境内企业作为交易双方通过商谈达成共识，以大宗商品（基本金属、能源、农产品等）作为标的物进行场外（OTC）远期交易。交易双方在约定的日期，根据合同约定的条款，按照约定的数量和价格对某种商品进行现金轧差交割，不进行实物交割。差额交割所产生的外币损益可由人民币进行结算，并可进行汇率的前置锁定。大宗商品衍生品交易流程如图19-1所示。

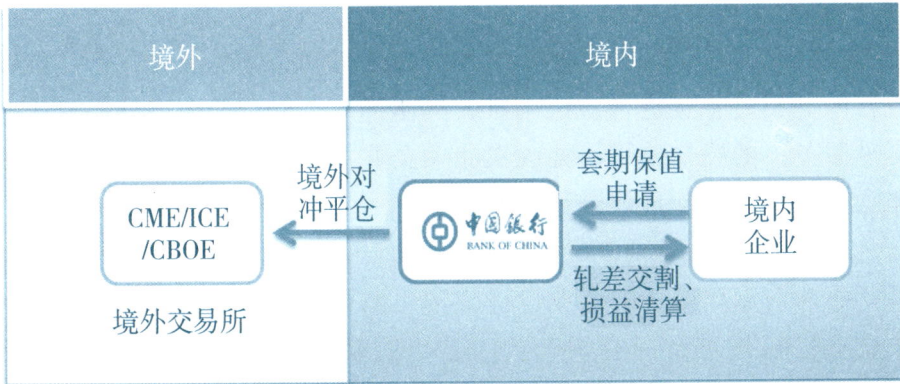

图 19-1　大宗商品衍生品交易流程

（三）主要成效

1."大宗商品衍生品交易服务"为企业有效规避了价格波动风险。企业通过叙做商品衍生品交易，能够提前锁定成本及收益。无论大宗商品未来价格涨跌，均能有效掌控价格波动风险和汇率风险，确保企业稳健运营。

2."大宗商品衍生品交易服务"扩大了客户群体的范围。国际主要大宗商品价格波动幅度巨大，该产品可以通过银行间接参与国际大宗商品衍生品市场交易，解决了除个别大型国企外的众多其他企业无法获准参与境外主流价格保值、无法管控成本的困扰。

3."大宗商品衍生品交易服务"获得了客户的广泛认可，为境内企业和银行自身带来了可观的效益。企业获得了该套期保值手段后，排除了成本难以控制的后顾之忧，贸易或生产数量都有了一定程度的增加，促进了企业的发展。

19.2　评估方法

（一）创新主体访谈

2018年1月，对中国银行大连市分行进行访谈，深入了解推出

"大宗商品衍生品交易服务"的背景、目标、实施细则、操作流程及实施效果，并收集相关佐证材料。

（二）企业深度访谈

2018年1月开始，对中行"大宗商品衍生品交易服务"产品的服务客体等相关企业进行访谈调研，具体了解企业对"大宗商品衍生品交易服务"的感知效果，并收集相关企业对该产品进一步改进的建议和意见，对其实施成效进行质性评估。

（三）企业问卷调查

面向应用该服务的企业设计结构化调查问卷，通过网络平台向相关企业、机构进行问卷调查。问卷题项以了解平台业务流程、创新性、创新成效、风险感知、防控措施以及复制推广条件为主要目标和结构，对"大宗商品衍生品交易服务"进行量化评估。问卷调查范围覆盖目前全部使用该平台的企业和机构，回收有效样本126份，其中民营企业占比85.71%，符合调查预期及样本统计分布要求。问卷调查样本分布如图19-2所示。

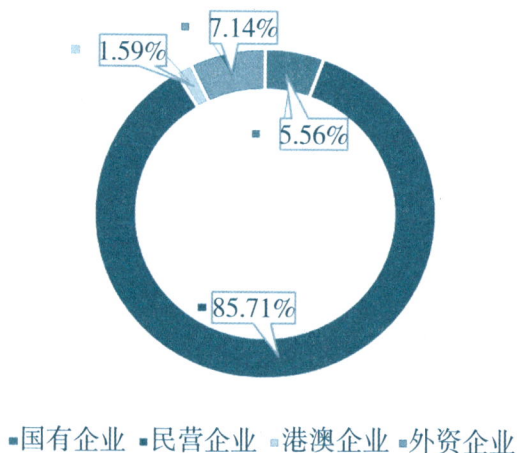

7.14%

1.59%

5.56%

85.71%

■国有企业 ■民营企业 ■港澳企业 ■外资企业

图19-2 问卷调查样本分布

（四）专家评价法

邀请金融管理、企业管理、国际贸易等相关领域专家，组织座谈、研讨和会评，结合先期自贸试验区金融创新案例情况，对"大宗商品衍生品交易服务"创新性、创新成效、风险防控及复制推广难易度等进行打分评价。

19.3 创新性评估

(一) 主要创新点

1.交易模式创新

基于大宗商品业务不同于普通商品贸易所呈现的价格波动较为频繁剧烈等特点带来的旺盛的企业需求，"大宗商品衍生品交易服务"针对现有普遍大宗商品交易模式做出了创新性改进。从原有的以场内交易为主，进行标准期货合约交易的模式，转向品种更加多样，期限更为灵活的场外交易（OTC）模式。该业务模式也是对推动场外衍生品市场发展的有益尝试，支持区内企业利用场外衍生品开展风险管理。

基于国内大宗商品以国内商品作为标的物进行定价的模式与很多企业国内生产加工、国际定价的现状相背离的现实情况，该项目进行了有效创新，将中行作为打通人民币与国际大宗商品市场的平台，对境内交易和国际市场交易业务进行资源整合，在一定程度上规避了国内外大宗商品由于品种、市场深度等不同所带来的价差风险，有利于人民币国际化的实务拓展。

普遍交易模式如图19-3所示。

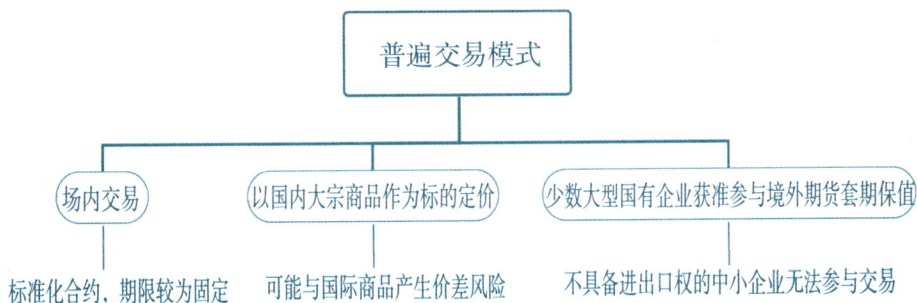

图 19-3 普遍交易模式

创新交易模式如图19-4所示。

2.结算方式创新

"大宗商品衍生品交易服务"规定交易双方在约定的日期，根据

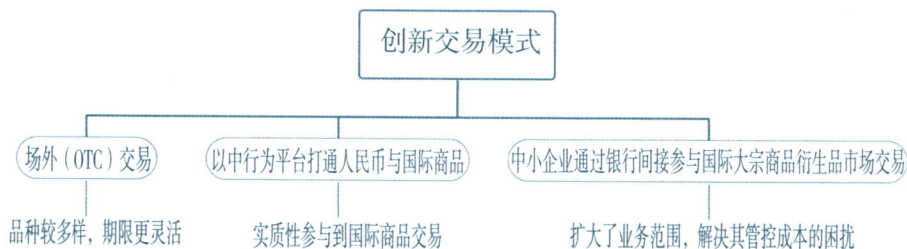

图19-4　创新交易模式

合同约定的条款，按照约定的数量和价格对某种商品进行现金轧差交割，不进行实物交割。采取差额交割损益的人民币结算，既有助于帮助企业管控汇率风险，又可使人民币汇率在不受到大的冲击的前提下更加实质性地参与到国际商品交易中去，提升国内客户在这一领域的话语权。

（二）创新评价

"大宗商品衍生品交易服务"解决了中小企业无法获准参与境外期货套期保值的困扰，帮助区内大宗商品相关企业摆脱了过往无法以国际商品价格做好成本固定的不足。整个产品是对国家外汇管理局大连市分局发布的第二批自贸金融改革创新政策中"支持银行为自贸区内企业的大宗商品衍生品交易提供结售汇业务"的有效应用，为区内大宗商品企业利用国际市场开展风险管理提供了新的渠道，实现了对价格、汇率波动风险的有效对冲，同时为大宗商品衍生交易损益提供结售汇服务，有效贯通了商品保值链条的全部环节，增强了业务可操作性，进一步支持区内大宗商品贸易发展。"大宗商品衍生品交易服务"开始应用后，企业通过叙做商品衍生品交易，提前锁定成本及收益，排除了成本难以控制的后顾之忧，贸易和生产数量都有了一定程度的增加。

将"大宗商品衍生品交易服务"对比原有做法，利用专家评价法，以"是国内领先做法、对原有做法大程度改进、功能性增强、改变了原有流程、更好地满足企业要求"为指标，1～5的分值表示从非常不同意向非常同意依次渐进，请5位专家按照实际情况打分，取平均分为最终的专家评价分值。

从评分结果看，该衍生品在交易服务创新方面的创新程度较高，同时在内部交易模式和结算手段方面的创新程度也较为突出，可操作性较强。总体创新性得分4.56，达到较高水平。

"大宗商品衍生品交易服务"创新性评估打分结果见表19-1。

表19-1　"大宗商品衍生品交易服务"创新性评估打分结果

大宗商品衍生品交易服务	国内领先水平	对原有做法改进程度	功能性增强	改变原有流程	更好地满足企业要求	专家评价分值
整体服务质量	4	5	5	3	5	4.4
交易模式	4	5	5	4	5	4.6
结算手段	5	5	4	5	5	4.6
可操作性	5	4	5	5	5	4.8
风险可控性	5	4	4	4	5	4.4

19.4　创新成效评估

（一）对企业生产经营成本管理具有重要作用

"大宗商品衍生品交易服务"开始应用后，使得企业能够通过叙做商品衍生品交易，提前锁定成本及收益，无论大宗商品未来价格涨跌，均能有效掌控价格波动风险和汇率风险，确保企业稳健运营。解决了除个别大型国企外的众多其他企业无法获准参与境外主流价格保值、无法管控成本的困扰。问卷调查结果显示，通过"大宗商品衍生品交易服务"对生产经营成本的管理作用，71.43%的企业或机构感到十分显著，88.89%的企业或机构对该平台应用感到满意。成效及满意度问卷调查结果如图19-5所示。

（二）业务涉及行业类型丰富，范围较广

大宗商品是产业经济不可或缺的基础原材料，是实体企业生产经营成本的重要组成部分。"大宗商品衍生品交易服务"的相关功能应用设计具有较好的开放性和兼容性，对于以各种大宗商品为原材料的实体企业均具有重要作用，设计行业包括石油化工、机器制造等各个行业。同时，为中小企业参与境外期货套期保值拓宽了渠道，大大增加了业务应用范围。

2.38%　0

26.19

71.43%

▪十分显著 ▪较为显著 ▪不太明显 ▪没有作用

0　7.94%

3.17%

88.89%

▪满意 ▪一般 ▪不满意 ▪不了解

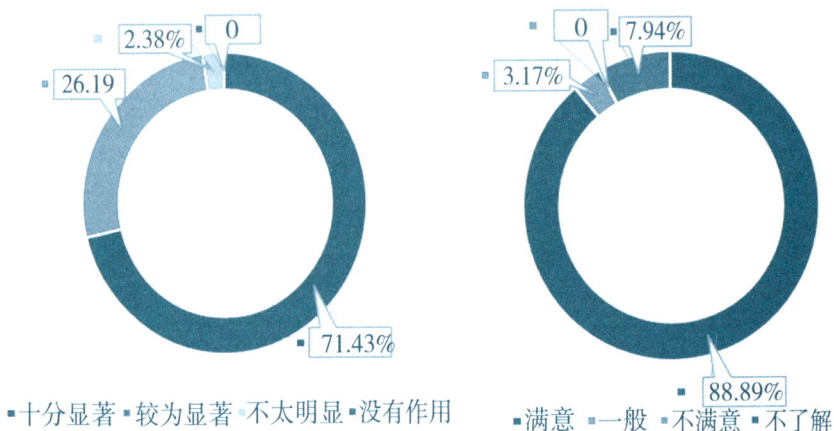

图19-5　成效及满意度问卷调查结果

（三）功能拓展前景较好

"大宗商品衍生品交易服务"的投入运营，在获得相关企业或机构普遍认可的同时，也形成相关用户对该交易服务继续拓展功能、扩大业务和深度创新的需求。大多数用户期待其能够指导企业及时调整产业结构、合理配置有效资源，更好地服务于实体经济发展，从而产生新的效益。

问卷调查结果显示，87.50%的企业或机构认为"大宗商品衍生品交易服务"的功能扩展前景非常不错，对该平台的服务质量提升有更高期待。平台应用拓展需求问卷调查结果如图19-6所示。

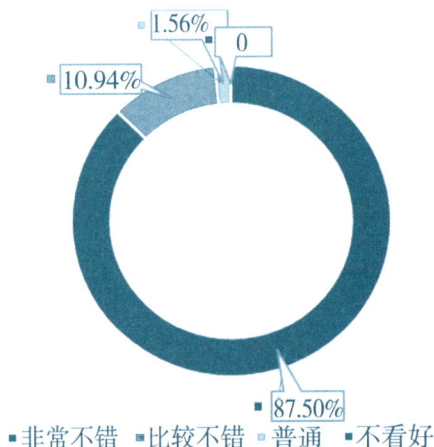

1.56%　0

10.94%

87.50%

▪非常不错 ▪比较不错 ▪普通 ▪不看好

图19-6　平台应用拓展需求问卷调查结果

19.5 风险评估及防控措施

（一）主要风险点

"大宗商品衍生品交易服务"立足于其集团境外大宗商品平台优势进行金融产品创新，总体风险可控。衍生品交易不可避免的会面临一定的市场风险，但市场风险主要存在于交易类和投机类衍生品交易中。中行将产品的交易范围限制在基于真实保值的客户需求中，在一定程度上避免了风险的发生。但是，客户基于自身利益考量可能会做出违约行为，由此带来的信用风险需要加强防控。其次，银行和企业内部也存在合规风险发生的可能。根据问卷调查结果，相关企业或机构对该交易服务的风险感知也集中信用风险方面，其中63.49%的被调查者认为"大宗商品衍生品交易服务"的主要风险点在信用风险方面。主要风险点问卷调查结果如图19-7所示。

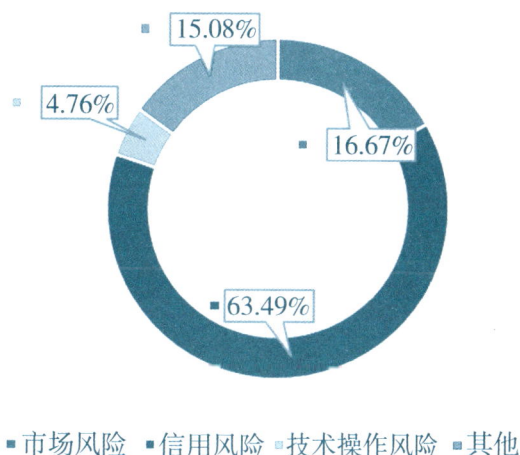

■市场风险 ■信用风险 ■技术操作风险 ■其他

图19-7   主要风险点问卷调查结果

（二）风险防控措施

1.通过背景审核和银行自律等方式，防范衍生品交易脱离实需，帮助企业有效隔离过度保值的风险。银行做出明文规定，以企业的实物交易合同为前提为客户进行套期保值交易，不允许以投机获利为目的的交易发生。

2.采用保证金和授信占用的风控手段，一方面进一步将企业交易限定在实需范围内，另一方面也有效防范了金融机构自身所面临的客户信用风险，为可能发生的风险做好防范和补救措施。

3.银行借助专业的研究部门和专家团队，通过数据、信息优势进行大数据分析，为企业提供宏观分析、行业分析研究报告以及套期保值及对冲交易策略。

19.6　复制推广评估

（一）复制推广价值

大宗商品衍生品交易是实体经济进行风险管理的重要工具，企业通过中行"大宗商品衍生品交易服务"参与到国际大宗商品衍生品交易市场，既获取了更加广泛的交易品种和交易价格，也降低了市场参与门槛和成本，提升了企业经营管理水平，提前锁定成本及收益，规避价格波动带来的经营风险。"大宗商品衍生品交易服务"在金融服务创新领域具有较强的创新和示范意义，可操作性高，为业务拓展和复制推广等进一步服务创新奠定基础。

（二）复制推广条件

"大宗商品衍生品交易服务"的可复制推广度较高，复制推广范围可拓展到全国。需要具备的条件主要包括两方面，一是需要外汇局针对该项业务出台相关的支持政策；另一方面也需要银行获得境外交易所清算会员资格。因此，"大宗商品衍生品交易服务"的复制推广需要相关政府机构、银行和企业等机构高效系统的共同合作，同时需要在技术和经费方面给予必要的支持。

20 创新案例二十：发挥船舶融资中心优势 提升东北亚航运金融中心功能

20.1 案例概况

（一）案例描述

为支持大连打造东北亚航运金融中心，中国银行总行在大连中行设立系统内唯一船舶航运专业性融资中心。该中心成立以来，一直致力于航运金融领域的发展，充分发挥品牌优势，不断开展创新服务。在目前的国际造船市场上，很少有船东能够或愿意用全款购船，船东分期或延期付款往往又会造成船舶企业现金流断裂，这一矛盾严重制约了造船企业的发展。为确保船东有足够时间寻找合适租约，在充分考虑船东母公司的财务状况下，中行船舶融资中心提出了新型船舶融资结构和"DSRA（Debt Service Reserve Assistant）"保证金模式，为地区船舶行业企业提供最专业、最优质的金融服务，实现船舶企业融资需求与银行金融服务的有效衔接，有力提升了大连自贸片区航运金融中心功能。

（二）业务流程

传统融资结构如图 20-1 所示。

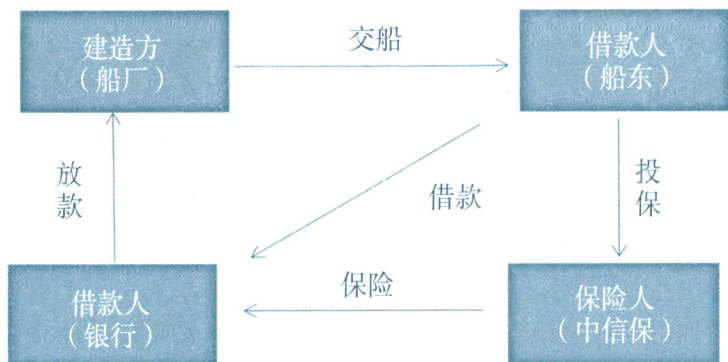

图 20-1 传统融资结构

创新融资结构如图20-2所示。

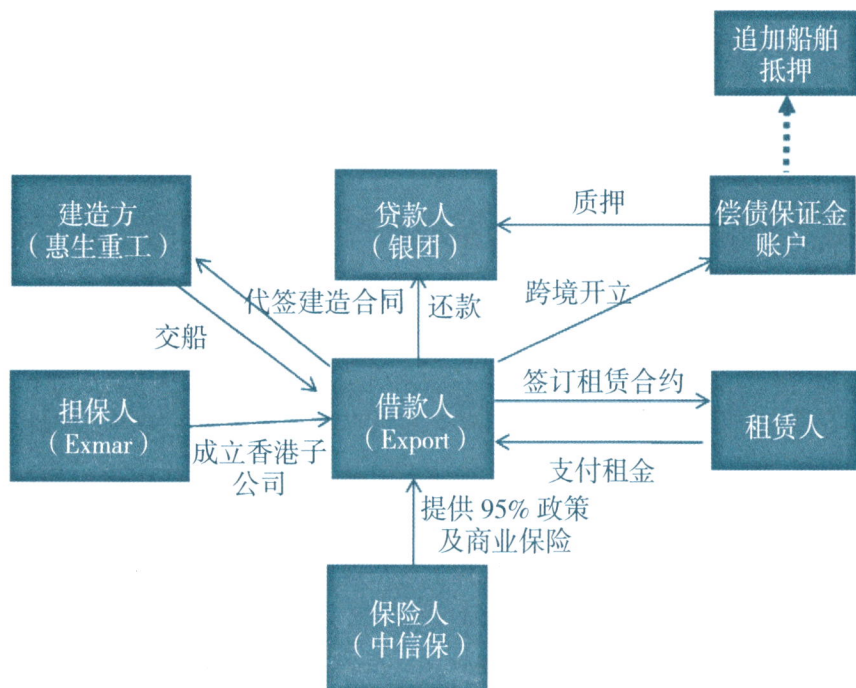

图 20-2　创新融资结构

1.船东在香港成立全资单船公司 Export LNG Limited（以下简称"Export"），由单船公司作为借款人并由其母公司 Exmar NV 提供担保。Export 作为单船公司需满足三个条件：通过设立单船公司，可与母公司其他的债务有效隔离，并对单船公司施以严格的举债、经营、资产处置等方面的限制。如要求 Export 不得与银团以外的金融机构有任何债务往来关系；Export 作为借款人可代替其母公司 Exmar NV 与建造方签订建造合同，并独立与中信保及其他保险公司签署各类保险协议，同时将保险项下的权益转让给银团；Export 股权质押给银团，让银行在必要时获得对单船公司的控制权，防止该单船公司的股权质押给其他人，必要时通过执行质押（即出售单船公司股份）实现带租约出售（sell with charter）。

2.项目租约项下的全部收入只能进入中行开立的收入账户中，且该账户内的每笔支出交易均需得到中行授权才能进行，同时为确保运营收入用于还款，需将相关租约及收入转让给银团，形成一个稳定、独立的资金闭环，控制资金外流风险，有效对抗第三方。

3.根据租金价格、期限、二手船评估价值、公司运营成本、财务成本加上中行微调系数，建立偿债测算模型。在实际操作中，根据租金收益水平，灵活调整偿债保证金金额或其他风险缓释手段，租金收入最低值可为零，即本项目暂无租约情况。通过偿债准备金模型，有效解决了融资主体实力强劲，但租约不确定较高、租金浮动的情况，合理降低杠杆比例，扩大业务叙做范围。DSRA偿付模型如图20-3所示。

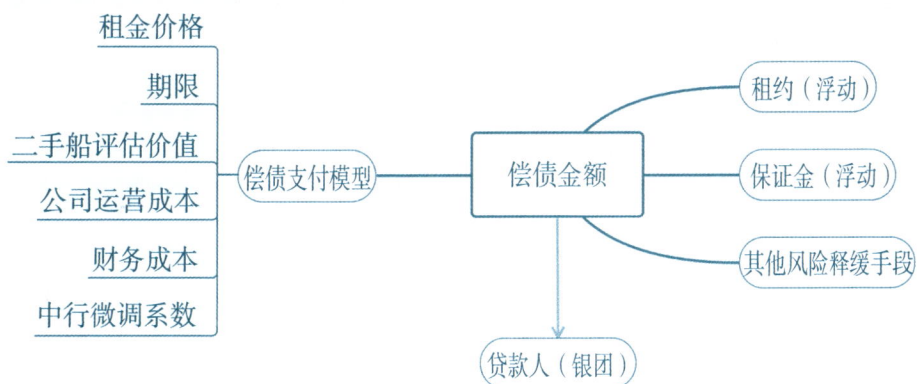

图20-3　DSRA偿付模型

（三）主要成效

中国银行船舶融资中心致力于服务实体经济，形成支持船舶、航运等实体经济发展的合力，累计叙做船舶、海工类出口信贷及船舶融资业务10亿美金，船东遍布新加坡、美国、比利时、韩国及中国香港等国家和地区，牵头并组建多个国际大型银团，为船舶企业提供最优质的服务。

1.创新融资项目综合收益明显

放款前一次性实现800万元人民币前端费，项目存续期间，每年可实现中收67万元人民币，累计实现中收超过1 500万元人民币；按照贷款合同约定，利率为6M+300bp，贷款存续的12年间预计为中行带来利息收入约1.7亿元人民币；通过偿债保证金创新模式，带来2年期约4亿人民币的存款沉淀。

2.打造船舶融资品牌，提升中行影响力

中行在国际银团项目中统筹全局，提出偿债保证金担保的创新融资结构，成功争取到国际银团牵头行角色，得到德意志银行、法国巴黎银行等多家国际知名机构认可，充分展示了中行船舶融资中心业务的专业与高效。该项目成功叙做以来，数次登顶国际船舶网、Trade Wind、Seaway Maritime等国内外主流航运媒体，得到业界广泛关注，并获全球顶尖媒体Marine Money最佳交易奖评委会兴趣函，进一步提升了中国银行在大连乃至全球船舶融资市场的地位和影响力。项目新闻报道如图20-4所示。

图20-4　项目新闻报道

20.2　评估方法

（一）创新主体访谈

2018年1月，对中国银行大连市分行进行访谈，深入了解推出"自贸金融在线服务平台"的背景、目标、实施细则、实施过程及落实效果，并收集相关佐证材料。

（二）企业深度访谈

2018年1月开始，对中行船舶融资中心所服务的相关企业进行访谈调研，具体了解企业对"中行船舶融资中心"和"DSRA"保证金模式的感知效果，并收集相关企业对该中心进一步改进的建议和意见，对其新型融资结构实施成效进行质性评估。

（三）企业问卷调查

面向相关企业设计结构化调查问卷，通过网络平台向相关企业、机构进行问卷调查。问卷题项以了解其项目业务流程、创新性、创新成效、风险感知、防控措施以及复制推广条件为主要目标和结构，对"中行船舶融资中心"进行量化评估。问卷调查范围覆盖目前全部使用该平台的企业和机构，回收有效样本83份，其中民营企业占比63.86%、外资企业占比22.89%，符合调查预期及样本统计分布要求。问卷调查样本分布如图20-5所示。

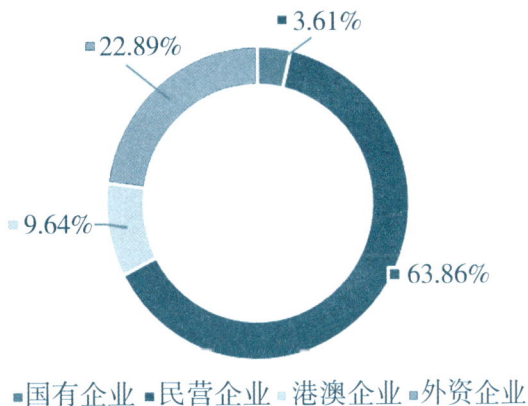

图20-5　问卷调查样本分布

（四）专家评价法

邀请金融管理、企业管理、国际贸易等相关领域专家，组织座谈、研讨和会评，结合先期自贸试验区金融创新案例情况，对"中行船舶融资中心新型融资项目"创新性、创新成效、风险防控及复制推广难易度等进行打分评价。

20.3　创新性评估

（一）主要创新点

1.融资结构创新

中行船舶融资中心在传统的融资结构的基础上加以改进创新，在整个融资业务中引入全资单船子公司Export的存在，并对其加以条件约束，使其与母公司其他的债务有效隔离，将股权质押给银团，让银行在必要的时候获得对单船公司的控制权，形成一个稳定、独立的资金闭环，有效达到了风险规避的要求。

2.担保模式创新

在担保模式上面，中行船舶融资中心提出了"DSRA"保证金的模式。在该模式下，船东预存30个月，即等同5期还本付息金额的现金质押到开立在银行的保证金账户中，在船东账面现金充足的情况下，达成了多方共识的放款前提条件。租金浮动的情况，合理地降低了杠杆比例，扩大了业务叙做范围。同时，30个月的保证金期限不仅可以确保船东有足够的时间寻找合适的租约，而且一旦租约问题上出现潜在风险，也给予银行充足的时间应对，形成双赢的局面。同时，境外船东通过开立NRA账户的方式预存保证金，提升了境内非居民账户的活跃度，有助于大连自贸片区打造面向世界的离岸金融中心。

3.联动模式创新

形成了与船厂、中信保、中介等多方上下游机构的联动效应，通过产品端前置打破了传统金融机构主动营销的模式，实现船舶企业融资需求与银行金融服务的有效衔接。项目推进中，境内船舶融资中心与海外行密切联动，打破时区约束，将融资方、船东及船厂三个遥不可及的参与主体通过银行平台连接到了一起，极大地提升了项目进度。

（二）创新评价

"中行船舶融资中心"切实解决了目前低迷的船舶市场中普遍存在的船东无法按时交付款项的问题，对传统的融资业务加以改进创新，给予船东更充裕的时间寻求合适的租约，避免草率出租造成长期租金损失。有效解决了融资主体实力强劲，但租约不确定性较高的问题，合理降低了杠杆率，扩大了业务叙做范围。带来了巨大的经济效益和行业影响力。

将"中行船舶融资中心"对比原有做法，利用专家评价法，以"是国内领先做法、对原有做法大程度改进、功能性增强、改变了原有流程、更好地满足企业要求"为指标，1~5的分值表示从非常不同意向非常同意依次渐进，请5位专家按照实际情况打分，取平均分为最终的专家评价分值。

从评分结果看，该项目融资结构模式创新方面的创新程度较高，总体创新性得分4.8，达到较高水平。"中行船舶融资中心"的创新性评估打分结果见表20-1。

表20-1　"中行船舶融资中心"的创新性评估打分结果

中行船舶融资中心	国内领先水平	对原有做法改进程度	功能性增强	改变原有流程	更好地满足企业要求	专家评价分值
融资结构	5	5	5	5	5	5
担保模式	5	5	5	5	5	5
联动模式	4	5	4	5	4	4.4
项目可操作性	5	4	5	5	5	4.8
风险可控性	5	5	5	5	4	4.8

20.4　创新成效评估

（一）切实满足企业需求

由于当下船舶租赁市场萧条，虽有大量潜在租家且给出的报价足够覆盖每期还本付息金额，但经验丰富的船东认为目前租金水平已经见底，触底反弹指日可待，不愿意低价出租。面对船东不想草率出租损失长期利益、没有签订租约就无法保证还款来源的矛盾，"中行船舶融资中心"开展新型融资结构，给予船东更充裕的时间寻求合适租约，避免草率出租造成长期租金损失，为船舶企业提供更加专业、高效的金融服务。问卷调查结果显示，96.39%的企业或机构对该中心提供的产品服务感到满意。91.57%的企业或机构认为该中心提供的产品可以使现金流压力减少。满意度问卷调查结果如图20-6所示。

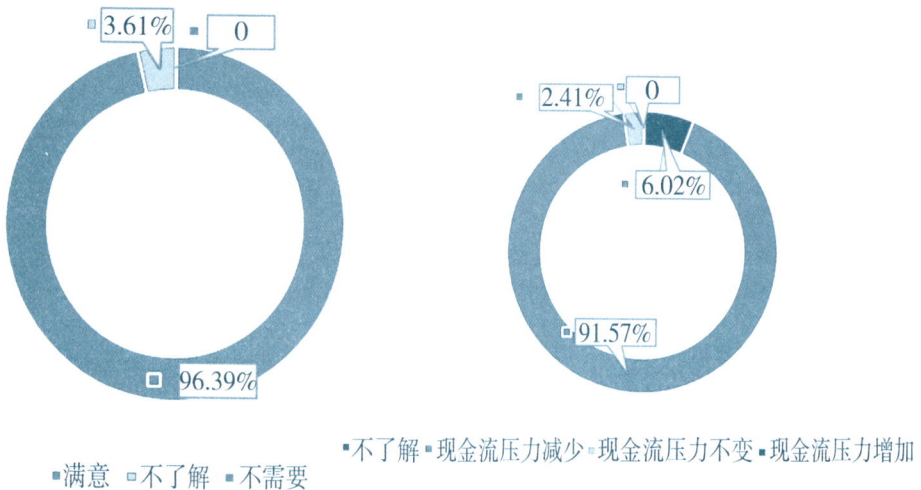

图20-6　满意度问卷调查结果

（二）业务覆盖范围较广

"中行船舶融资中心"与海外行跨境联动叙做出口买贷业务对于借款人资质的把控更加严谨，同时打破时区约束，极大地提高了沟通效率。船东遍布新加坡、美国、比利时、韩国、中国香港等国家和地区，业务覆盖范围较广。问卷调查结果显示，48.19%的企业与"中行船舶融资中心"的业务范围已延伸到境外，接近样本企业总量半数比重。应用覆盖范围问卷调查结果如图20-7所示。

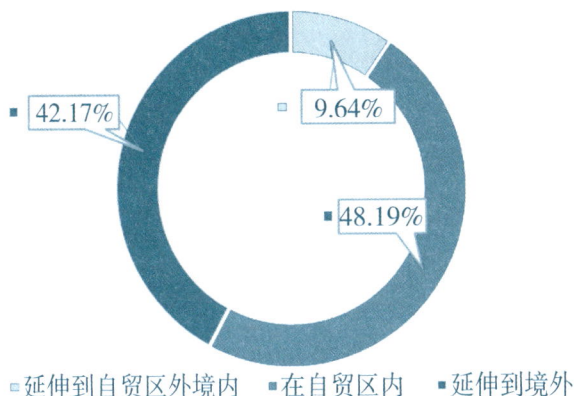

9.64%

42.17%

48.19%

■延伸到自贸区外境内　■在自贸区内　■延伸到境外

图20-7　应用覆盖范围问卷调查结果

（三）市场认可度高，项目前景明朗

"中行船舶融资中心"所服务的相关企业、机构与利益合作方等对于提出的偿债保证金担保的创新融资结构表示出了极高的认可度，中行凭此在 2017 年的实际业务中成功争取到国际银团牵头行角色，为船东提供 2 亿美元融资，顺利实现该项目 FLNG 交付。问卷调查结果显示，87.95% 的企业觉得"中行船舶融资中心"新型融资结构非常急需，95.18% 的企业认为"中行船舶融资中心"新型融资结构可以复制推广。市场前景问卷调查结果如图 20-8 所示。

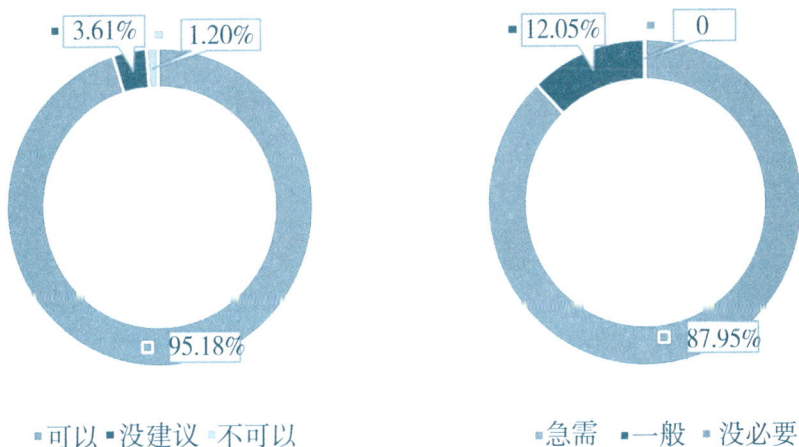

3.61%　1.20%

12.05%　0

95.18%

87.95%

■可以　■没建议　■不可以

■急需　■一般　■没必要

图20-8　市场前景问卷调查结果

20.5　风险评估及防控措施

（一）主要风险点

"中行船舶融资中心"致力于航运金融领域的发展，主要业务集中于在出口信贷和船舶融资等项目。在融资租赁过程中，银团与借款人之间签订合同、同时借款人与建造方签订合同。这也就使得银行在造船合同中承担了由于各种因素船东不能按期还款的信用风险。在项目实施过程中，则主要表现为船东一直未能寻找到合适租约造成资金紧张无法保障其现金流所带来的违约风险、借款人无法按时还款，将作为质押品的资产恶意转移的道德风险，"DRSA"偿付模型数据信息管理与运行计算的操作风险等。

（二）风险防控措施

针对主要的风险点，"中行船舶融资中心"积极实施风险防控措施，尽可能的规避风险。问卷调查结果显示，受访者中有89.16%的企业和机构认为"中行船舶融资中心"的信用防控机制很好，10.84%的人认为现有的信用防控机制还可以，仍有进一步的改进空间。信用风险防控评价如图20-9所示。

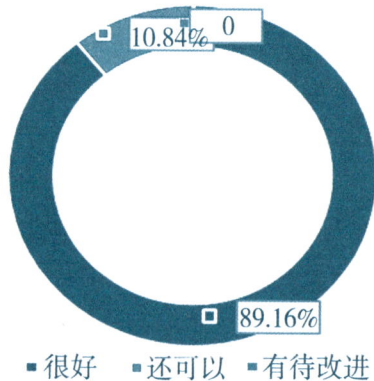

10.84%　0

89.16%

■很好　■还可以　■有待改进

图20-9　信用风险防控评价

具体风险防控措施包括，在业务流程中，通过要求借款人设立子公司，使其与母公司其他的债务有效隔离，并对子公司施以严格的举债、经营、资产处置等方面的限制，形成闭环的现金流，并保证银行在必要的时候获得对子公司完全的控制权，同时将保险项下的权益转让给银团，大大提高了银行风险的可控性。

另外，融资中心通过完善客户评级，建立信用评价体系，加强贷前准入和贷后管理等途径防范融资风险，控制和降低贷款不良率；通过不断完善内部控制机制和全面落实风险管理责任制有效降低风险。

20.6　复制推广评估

（一）复制推广价值

随着国家战略对企业"走出去""一带一路""东北振兴""中国制造2025"等政策利好的颁布，本地造船企业正在由传统的运输船建造向海洋工业转型升级，新一轮的出口买方信贷高潮大幕将启。"中行船舶融资中心"新型融资结构模式在客户融资需求与风险防控等方面都具有极大的优势，在船舶融资金融服务创新领域具有较强的创新和示范意义，为业务拓展和复制推广等进一步服务创新奠定了基础。

中行船舶融资中心已经逐步开展推广工作，针对该项目制作案例教程，目前已参选总行案例库，并已对分行辖内进行培训推广。2017年在大连召开的中国银行船舶融资研讨会上，面向22家海内外分行，10家外部合作金融机构参会，再次对该案例进行了分享讲解。中行船舶融资中心也曾受邀参加中信保、Marine Money等国际性行业会议并代表中行做主题发言，开展该项目的推广宣传工作。

（二）复制推广条件

目前，"中行船舶融资中心"融资结构模式的复制推广可能主要限于沿海城市，以港口航运资源为先决条件；更多地有赖于银行总部的批复支持和银行与船舶企业的有效对接，同时需要从技术和经费方面给予专项支持，实现更大范围和更多业务的复制推广。

21 创新案例二十一："保税混矿"金融衍生品交易服务

21.1 案例概况

（一）案例描述

"保税混矿"是指将不同产地、不同成分的两种以上的铁矿砂在境外铁矿石商的指示下，将处于保税状态下的铁矿石按照不同的品位要求进行配比混合而得的混合铁矿砂，再销售给下游钢厂。随着海关、检验检疫等口岸部门联合推出"保税混矿"创新监管措施，大幅节省矿石运输成本和时间成本，"保税混矿"业务迎来了快速发展的有利机遇。

为积极支持大连自贸片区铁矿石国际化业务发展，助推大连片区打造东北亚矿石分拨中心，中国银行大连市分行通过探索创新金融服务模式，成功为"保税混矿"企业量身定制金融衍生交易服务，在提升混矿企业价格主动权的同时，规避汇率风险，进一步丰富了混矿企业风险对冲和成本管理手段。

（二）主要做法

中国银行大连市分行主动对接"保税混矿"相关企业了解情况寻找需求，为保税混矿企业量身定制"保税混矿"金融衍生品外汇保值方案。因为巴西淡水河谷是世界第一大铁矿石供应商，在"保税混矿"港口服务业务中占据强势地位，混矿企业缺乏议价能力。基于上述问题的考量，中国银行大连分行为企业提供金融服务，使保税混矿企业能够自主选择定价时机，根据自身经营情况匹配合理的外汇交易期限，对支付价款进行汇率保值，也可通过锁定一定期限内的某一固定汇率，在汇率波动周期中，掌握交易主动权。

1.企业向中国银行大连分行进行外汇牌价的询价，银行帮助企业就铁矿石定价原则与淡水河谷进行谈判协商，将定价前置，使混矿企业能够自主选择定价时机。

2.银行通过境内与境外市场帮助企业将其交易费用进行汇率锁定，在不影响作为铁矿石供应商利益的同时，规避了混矿企业的汇兑损益风险。

模式一：单笔交易模式。银行将境内与境外两种市场的外汇牌价提供给企业，并提供即期汇率与远期汇率供企业选择，结合企业以往交易经验的成本与收益评估，进行外汇锁定。

模式二：长期交易模式。企业提供平价远期交易，将其每个月的收汇价格固定，方便企业匡算成本。企业将交易签约价格与其作对比，作为是否进行签约交易的依据。如果交易收益无法覆盖其汇兑损益，则放弃与淡水河谷的订单，以保证其自身的效益。

3.与客户接洽，推进标准仓单的建设，帮助企业扩大下游客户。"保税混矿"金融衍生品交易服务的交易流程如图21-1所示。

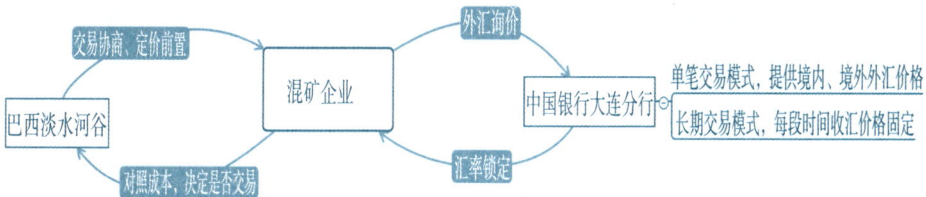

图21-1 "保税混矿"金融衍生品交易服务的交易流程

（三）主要成效

1."保税混矿"金融衍生品的研发为混矿业务的发展提供了切实有效的金融服务支持，大幅降低了企业经营风险，也是配合海关、检验检疫等口岸部门做好"保税混矿"业务开展，巩固与强化铁矿石贸易的重要措施。

2.该业务模式在帮助混矿企业规避汇率风险的同时，提升了混矿企业的议价能力。2016年大连口岸完成保税混矿481万吨，2017年保税混矿量激增至1 034万吨，货值超过34亿元。该业务模式在帮助混矿企业规避汇率风险的同时，提升了混矿企业的议价能力。

3."保税混矿"金融衍生品交易服务获得了客户的广泛认可，为混矿企业和银行自身带来了可观的效益。企业获得了该汇率保值手段后，排除了汇兑损益难于控制的后顾之忧，贸易或生产数量都有了一定程度的增加，促进了企业的发展。

21.2　评估方法

（一）创新主体访谈

2018 年 5 月，对中国银行大连市分行进行访谈，深入了解推出"保税混矿"金融衍生品交易服务的背景、目标、实施细则、操作流程及实施效果，并收集相关佐证材料。

（二）企业深度访谈

2018 年 5 月开始，对中行"大宗商品衍生品交易服务"产品的服务客体等相关企业进行访谈调研，具体了解企业对"保税混矿"金融衍生品交易服务的感知效果，并收集相关企业对该产品进一步改进的建议和意见，对其实施成效进行质性评估。

（三）企业问卷调查

面向应用该服务的企业设计结构化调查问卷，通过网络平台向相关企业、机构进行问卷调查。问卷题目以了解平台业务流程、创新性、创新成效、风险感知、防控措施以及复制推广条件为主要目标和结构，对"保税混矿"金融衍生品交易服务进行量化评估。问卷调查范围覆盖目前全部使用该平台的企业和机构，回收有效样本 87 份，问卷填写内容基本符合调查预期及样本统计分布要求。

（四）专家评价法

邀请金融管理、企业管理、国际贸易等相关领域专家，组织座谈、研讨和会评，结合先期自贸试验区金融创新案例情况，对"保税混矿"金融衍生品交易服务的创新性、创新成效、风险防控及复制推广难易度等进行打分评价。

21.3　创新性评估

（一）主要创新点

1.交易模式创新

因为巴西淡水河谷是世界第一大铁矿石供应商，在"保税混矿"

港口服务业务中占据强势地位。按照传统业务模式，"保税混矿"项下费用的支付通常采用卖方定价、到期以外币付款的模式。

针对混矿企业的业务需求，中国银行大连分行为其量身定制了"保税混矿"金融衍生品外汇保值方案，改变了在传统业务模式中由卖方在指定日以外汇中间价计价的交易模式，让混矿企业自主选择定价时机，根据自身经营情况匹配合理的外汇交易期限，同时可对支付价款进行汇率保值，使企业在大宗商品交易中获得了价格主动权，规避了汇率风险，通过金融服务切实为企业降低了经营风险。

2.金融服务应用创新

随着辽宁自贸试验区政策的落地，大连港混矿业务迎来了快速发展的有利机遇，特别是为了加快保税混矿业务的发展，大连海关、检验检疫等口岸部门联合推出的创新监管措施，大幅节省了矿石运输成本和时间成本，进一步推动大连港"东北亚矿石分拨中心"建设及转型升级。

混矿业务涉及大宗商品交易，单船货值大，汇率波动将对企业利润产生较大影响，业务发展受到制约。在"保税混矿"监管新模式推出后，面对混矿业务量即将倍增的形势，企业亟待通过创新金融服务规避风险。为积极支持大连自贸片区铁矿石国际化业务发展，助推大连片区打造东北亚矿石分拨中心，中国银行大连市分行通过探索创新金融服务模式，成功为"保税混矿"企业量身定制金融衍生交易服务。根据现实问题的需要，将"保税混矿"业务与金融衍生品交易进行创新性的结合应用，在提升混矿企业价格主动权的同时，规避汇率风险，进一步丰富了混矿企业风险对冲和成本管理手段。

（二）创新评价

"保税混矿"金融衍生品交易服务为混矿业务的发展提供了切实有效的金融服务支持，改变了在传统业务模式中由卖方在指定日以外汇中间价计价的交易模式，使混矿企业在大宗商品交易中获得了价格与交易的主动权，有效规避了汇率风险，通过金融服务切实为企业降低了经营风险，也是配合海关、检验检疫等口岸部门做好"保税混矿"业务开展、巩固与强化铁矿石贸易议价能力的重要措施。

将"保税混矿"金融衍生品交易服务对比原有做法，利用专家评价法，以"是国内领先做法、对原有做法大程度改进、功能性增强、改变了原有流程、更好地满足企业要求"为指标，1~5 的分值表示从非常不同意向非常同意依次渐进，请 5 位专家按照实际情况打分，取平均分为最终的专家评价分值。

从评分结果看，该衍生品交易服务创新方面的创新程度较高，同时在内部交易模式和结算手段方面的创新程度也较为突出，可操作性较强。总体创新性得分 4.56，达到较高水平。"保税混矿"金融衍生品交易服务创新性评估打分结果如图 21-1 所示。

表 21-1 "保税混矿"金融衍生品交易服务创新性评估打分结果

大宗商品衍生品交易服务	国内领先水平	对原有做法改进程度	功能性增强	改变原有流程	更好地满足企业要求	专家评价分值
整体服务质量	4	5	5	3	5	4.4
交易模式	4	5	5	4	5	4.6
产品应用	5	5	5	4	5	4.8
可操作性	4	4	5	4	5	4.4
风险可控性	5	4	5	4	5	4.6

21.4 创新成效评估

"保税混矿"金融衍生品交易服务创新的创新性主要体现在降低企业成本、促进保税业务开展以及拓展相关功能等方面。

"保税混矿"金融衍生品交易服务主要创新成效如图 21-2 所示。

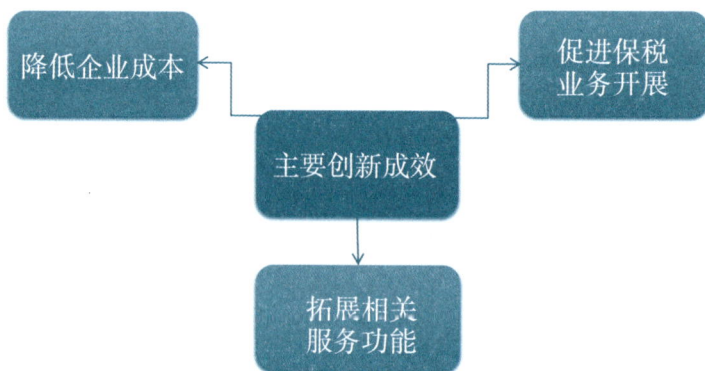

图 21-2 "保税混矿"金融衍生品交易服务主要创新成效

（一）对降低企业生产经营成本具有重要作用

"保税混矿"金融衍生品交易服务开始应用后，企业能够通过向银行进行外汇牌价询价，对支付价款进行汇率保值，也可通过锁定一定期限内的某一固定汇率，在汇率波动周期中掌握交易主动权，提前锁定成本及收益，确保企业稳健运营。使混矿企业在交易中获得了价格与交易的主动权，有效规避了汇率风险，通过金融服务切实为企业降低了经营风险。问卷调查结果显示，通过"保税混矿"金融衍生品交易服务控制生产经营成本的管理作用，75.86%的企业或机构感到十分显著，81.61%的企业或机构对该金融服务感到满意。成效及满意度问卷调查结果如图21-3所示。

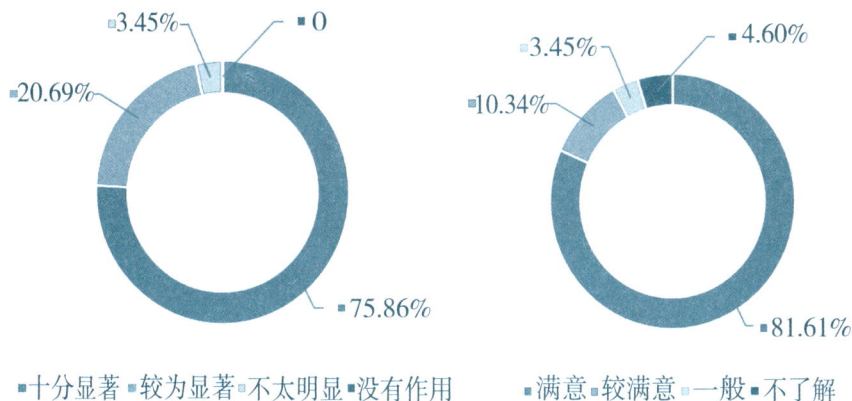

■3.45%　　■0　　　　　　　　■3.45%　　■4.60%

■20.69%　　　　　　　　　　　■10.34%

■75.86%　　　　　　　　　　　■81.61%

■十分显著 ■较为显著 ■不太明显 ■没有作用　　　■满意 ■较满意 ■一般 ■不了解

图21-3　成效及满意度问卷调查结果

（二）进一步促进了"保税混矿"业务的开展

"保税混矿"金融衍生品的研发为混矿业务的发展提供了切实有效的金融服务支持，改变了以往汇率风险给企业带来的成本的不可控性，使企业能够没有后顾之忧，推进了"保税混矿"业务的进一步展开，同时也是配合海关、检验检疫等口岸部门做好"保税混矿"业务开展，巩固与强化铁矿石贸易议价能力的重要措施。2016年，大连口岸完成保税混矿481万吨，2017年保税混矿量激增至1 034万吨，货值超过34亿元。

（三）功能拓展前景较好，有创新发展的可能

"保税混矿"金融衍生品交易服务的推出，在获得相关企业或机

构普遍认可的同时，也形成相关用户对该交易服务继续拓展功能、扩大业务和深度创新的需求。一方面，银行与海关进一步通力合作，横向复制"保税混矿"模式，推出"保税混油"等业务。另一方面，纵向推出一揽子服务，改变以往企业服务前中后期相互割裂的情形，在前端为企业锁定汇率的基础上，后续提供标准化仓单的融资服务，为企业盘活资金链条加速现金流的周转，使企业能够进一步扩大产能和效益。

问卷调查结果显示，74.71%的企业或机构认为"大宗商品衍生品交易服务"的功能扩展前景非常不错，对该平台的服务质量提升有更高期待。平台应用拓展需求问卷调查结果如图21-4所示。

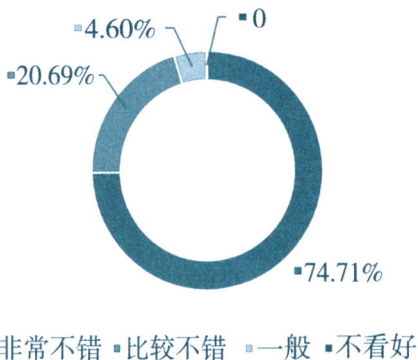

▪4.60%　▪0　▪20.69%　▪74.71%

▪非常不错　▪比较不错　▪一般　▪不看好

图21-4　平台应用拓展需求问卷调查结果

21.5　风险评估及防控措施

（一）主要风险点

"保税混矿"金融衍生品交易服务立足于旨在协助保税混矿企业规避汇率波动风险，在产品设计时已确保产品内各项交易价格锁定，总体风险可控。但金融衍生品交易不可避免的会面临的一定的市场风险，中国银行大连市分行的产品是基于"保税混矿"企业避免外汇损益的客户需求，最大程度规避了风险的发生。但是，客户基于自身利益的考量可能会做出违约行为，由此带来的信用风险需要加强防控。此外，银行工作人员能力缺乏所导致风险控制仍有漏洞，内部出现违反合规操作的情况理论上也是存在的。根据问卷调查结果，相关企业或机构对该交易服务的风险防控做法较为认同，其中82.76%的被调查者认为"保税混矿"金融衍生品交易服务风险防控做的非常不错。

（二）风险防控措施

1.银行基于进行"保税混矿"业务的企业的真实需求，进行产品内各项交易价格锁定。提供企业自由选择的权利，对支付价款进行汇率保值，或者通过锁定一定期限内的某一固定汇率，在汇率波动周期中，掌握交易主动权。

2.银行借助专业的研究部门和专家团队，通过数据、信息优势进行大数据分析，为企业提供宏观分析、市场分析研究，切实了解企业的需求，结合以往企业的成本与收益评估，提出交易策略，帮助企业规避风险。风险防控问卷调查结果如图21-5所示。

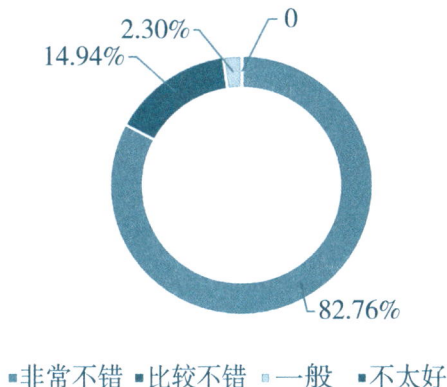

2.30%　　　0
14.94%

82.76%

■非常不错　■比较不错　■一般　■不太好

图21-5　风险防控问卷调查结果

21.6　复制推广评估

（一）复制推广价值

国务院日前印发《关于做好自由贸易试验区第四批改革试点经验复制推广工作的通知》，推出复制推广的改革事项共30项，大连片区推出的"保税混矿"监管创新经验名列其中，将在海关特殊监管区域复制推广。在保税混矿监管创新复制推广过程中，企业不可避免地将面临汇率波动损益。"保税混矿"金融衍生品交易服务可作为协助企业规避风险的有效方式，与保税混矿监管创新同时复制推广。该案例提升了企业经营管理水平，提前锁定成本及收益，规避汇率价格波动带来的经营风险，在金融服务创新领域具有较强的创新和示范意义，可操作性高，为业务拓展和复制推广等进一步服务创新奠定基础。

（二）复制推广条件

"保税混矿"金融衍生品交易服务的可复制推广度较高，复制推广范围可拓展到全国。需要具备的条件主要包括两方面：一是需要海关、检验检疫部门出台的监管创新措施；另一方面也需要金融机构推出的金融服务创新模式。因此，"大宗商品衍生品交易服务"的复制推广需要相关政府机构、银行和企业等机构高效系统的共同合作，同时需要在技术和经费方面给予必要的支持。

22 创新案例二十二：大连海关推出银行保函管理系统　中国银行大连分行率先试点应用

22.1 案例概况

（一）案例描述

2017年7月，海关总署实施全国通关一体化改革提出了"一次申报、分步处置"要求，打破了传统的通关作业模式，将通关涉及监管的事项向两端推移，以缩短企业通关时间。为使企业实现快速通关的同时保障税收安全，海关总署在政策上加强了担保的使用和推广。越来越多的外贸企业使用保函担保通关验放，对基层海关来说，保函递交与核验成为一个重要环节。藉此，大连海关依据《中华人民共和国海关事务担保条例》，委托辽宁电子口岸有限公司开发了大连海关银行保函管理系统，主要用于海关涉税保函的审批，保函额度的扣减及相关查询，包括子保函登记、保函修改、保函延期、保函核注、保函销案、保函查询子系统等六个子系统，可实现对全关涉税保函的登记、统计、查询、分析和监控。

2018年2月6日，大连海关银行保函管理系统在中国银行大连分行得到率先试点应用，实现了海关与银行保函信息对接，开辟了一条高效便捷的银行保函线上核验渠道，实现企业凭保通关"零等待"，大幅加快了企业通关速度，并且在区域内推动"一关备案、区域通用"改革试点，打破关区界限，降低通关成本，促进贸易便利化，得到了企业的一致好评。

（二）操作方法

由大连海关联合开发的银行保函管理系统，其海关端口为开放端口，在通过海关审批的前提下，各家银行机构的专线均可接入。该系统可实现银行保函信息实时推送海关，即系统自动将之与企业在"单一窗口"录入信息进行比对，如系统核验无误，企业向海关递交保函后，当场就可以使用保函办理通关，核验环节"秒过"，大幅加快了企业通关速度。具体操作流程如下：

1.银行应企业的申请，开出以海关为受益人的纸质关税保函。与此同时，银行自主开发的外挂系统实时抓取业务系统中保函的关键信息，经银行经办人员二次审核后发送，银行保函的标准信息将被列于"单一窗口"数据库等待。

2.企业拿到纸质保函后登录"单一窗口"，根据保函原件在"单一窗口"中填入相关信息，并点击"提交"。只有所填信息与等待状态的银行标准信息核对无误时，"单一窗口"才会显示"操作成功"，保函信息进入海关业务操作系统，表明核验环节完成。

3.企业将纸质保函递交至海关，海关将纸质保函与系统中显示的关键信息进行比对，无误后直接进行保函备案与启用，即刻放行企业通关货物。银行保函管理系统业务流程示意图如图22-1所示。

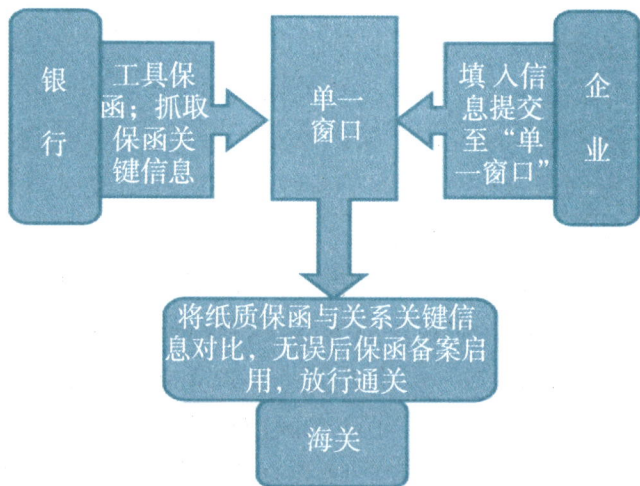

图22-1　银行保函管理系统业务流程示意图

（三）创新亮点

1.智能化的通关流程：银关联手推出的银行保函管理系统，以科技手段代替手工发报查询，同以往核验模式相比至少节省了 2～3 个工作日的通关时间，提高了企业通关速度。除核验功能外，企业还可通过该系统线上提交保函使用、核注、销案申请，实时查询保函使用状态，极大地提高了银行保函的使用效率，有效降低企业通关成本。

2. 有效的技术风险管理："银行保函管理系统"对互联网技术在金融服务领域的应用进行有效创新。金融服务行业对信息化有较高风险防控要求，相关服务系统独立并与互联网实施物理隔离。该系统通过与网络运营商的充分协调和论证，既实现引入互联网技术在服务创新方面高效率、低成本的技术优势，又保证独立内部管理系统的安全性。

3. 良好的拓展性能：该系统同步嵌入至"中国国际贸易单一窗口"企业端，使企业能够便捷地在一个平台办理所有通关业务，进一步优化了应用体验。未来，中国银行大连分行将紧密围绕"深化全国通关一体化改革"，"推动自贸试验区经济建设"，继续致力于"担保无纸化"和"一站式服务"的推进，切实服务实体经济，为企业提供缴税更便利、通关更快捷的金融服务，为推动贸易便利化、促进地区实体经济稳步发展发挥更大作用。银行保函管理系统创新亮点如图 22-2 所示。

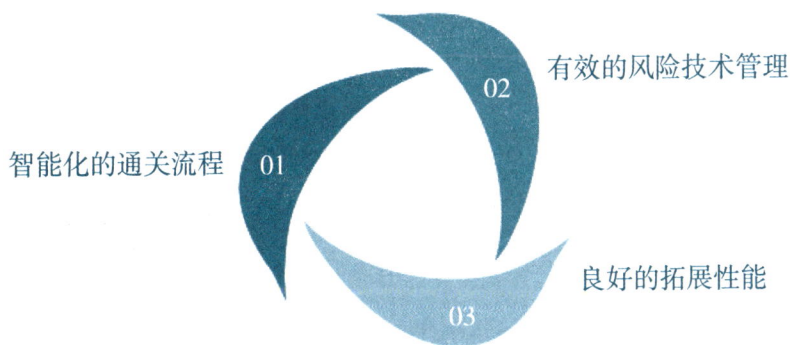

图 22-2　银行保函管理系统创新亮点

（四）主要成就

1. "银行保函管理系统"实现了银行与海关的系统直连，将银行保函信息实时推送海关，信息传递效率提高，基本实现了信息的实时共享。

2.“银行保函管理系统”以科技手段代替了人工发报，极大程度上减少了海关的核对时间和人工成本，有效避免了人工失误的情况，使海关的内部管理得到优化。

3.“银行保函管理系统”获得了客户的广泛认可，为境内企业带来了可观的效益。对于企业而言，大幅缩短了银行保函所需的核验时间，加快了通关速度，减少了货物滞港的时间和费用，有效节省了通关成本。

22.2 评估方法

银行保函管理系统评估方法如图22-3所示。

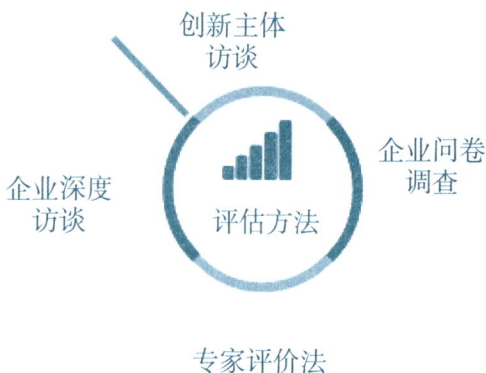

图 22-3   银行保函管理系统评估方法

（一）创新主体访谈

对中国银行大连市分行进行访谈，深入了解推出“银行保函管理系统服务”的背景、目标、实施细则、操作流程及实施效果，并收集相关佐证材料。

（二）企业深度访谈

对中行“保函管理系统服务”产品的服务客体等相关企业进行多次调研访谈，具体了解企业对“银行保函管理系统服务”的感知效果，并收集相关企业对该产品进一步改进的建议和意见，对其实施成效进行质性评估。

（三）专家评价法

邀请金融管理、企业管理、国际贸易等相关领域专家，组织座谈、研讨和会评，结合先期自贸试验区金融创新案例情况，对"保函管理系统"创新性、创新成效、风险防控及复制推广难易度等进行打分评价。

（四）企业问卷调查

面向应用该服务的企业设计结构化调查问卷，通过网络平台向相关企业、机构进行问卷调查。问卷题项以了解平台业务流程、创新性、创新成效、风险感知、防控措施以及复制推广条件为主要目标和结构，对"保函管理系统"进行量化评估。问卷调查范围覆盖目前全部使用该平台的企业和机构，回收有效样本78份，其中民营企业占比50%，符合调查预期及样本统计分布要求。问卷调查样本分布如图22-4所示。

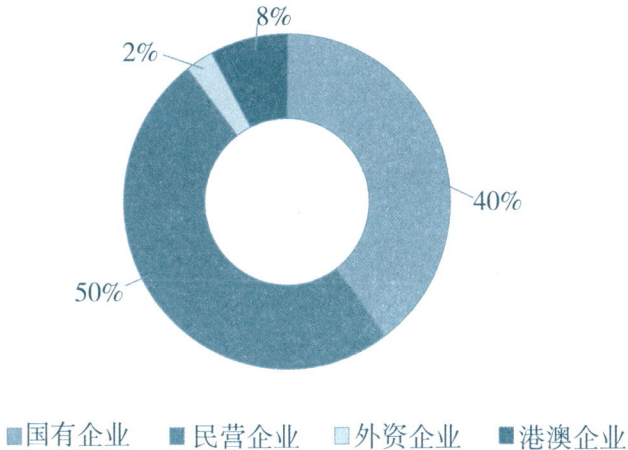

图22-4 问卷调查样本分布

22.3 创新性评估

（一）创新前后对比维度

在传统模式下，海关委托第三方金融机构向保函出具银行发报，查询纸质保函的关键信息，需海关相关业务人员前往第三方金融机构柜台办理，由该金融机构通过人民银行大额支付系统手工发报，至少需要两到三个工作日。此外，出具银行营业部将相关业务部门回复的查询结果，完成收报回报过程至少需要一到两个工作日。银行保函管理系统的上线实施，明显缩短了企业货物通关时间，节省了运营成本，为企业带来了实实在在的便利，具有很大的创新性和复制推广价值。

银行保函管理系统实施前后对比见表22-1。

表22-1　　　　　　银行保函管理系统实施前后对比

制度实施前		制度实施后	
模式	海关通过委托第三方商业银行逐笔发报来核验保函真伪，这一过程至少需要3~4个工作日	模式	在通过海关审批的前提下，各家机构可实现银行保函信息实时推送海关，系统自动将之与企业在"单一窗口"录入信息进行比对，如系统核验无误，企业向海关递交保函后，当场就可以使用保函办理通关，核验环节"秒过"
缺点	△银行保函核验至少需要3~4个工作日 △企业通关效率低 △运营成本大	优点	△银行保函核验即刻完成 △企业通关效率高 △企业运营成本大幅减少

（二）企业感知维度

通过对企业的深度访谈，他们对银行保函管理系统感受度高，认为该制度大大提高了企业通关效率，为企业节约运营实操成本和时间成本。

（三）专家评价维度

将"银行保函管理系统"对比原有做法，利用专家评价法，以"是国内领先做法、对原有做法大程度改进、功能性增强、改变了原有流程、更好地满足企业要求"为指标，1~5的分值表示从非常不同意向非常同意依次渐进，请5位专家按照实际情况打分，取平均分为最终的专家评价分值。从评分结果看，"银行保函管理系统"创新方面的创新程度较高。总体创新性得分4.56，达到较高水平。"银行保函管理系统"创新性评估打分结果见表22-2。

表22-2　　　"银行保函管理系统"创新性评估打分结果

大宗商品衍生品交易服务	国内领先水平	对原有做法改进程度	功能性增强	改变原有流程	更好地满足企业要求	专家评价分值
整体服务质量	4	5	5	4	5	4.6
技术手段	4	5	4	5	5	4.6
信息共享	4	5	4	5	4	4.4
可操作性	5	4	5	5	5	4.8
风险可控性	5	4	4	4	5	4.4

22.4　创新成效评估

主要创新成效如下：

1.对企业通关成本管理具有重要作用。"银行保函管理系统"的应用使得企业的通关时间大幅减少，进而节约了货物的滞港费、仓储费、管理费等相关费用。并且可以随时检查保函的使用授信额度，减少资金的浪费，解决了进口企业入关成本高的困扰。问卷调查结果显示，通过"银行保函管理系统"对于减少通关成本的管理作用，89%的企业或机构感到非常满意。成效满意度问卷调查结果如图22-5所示。

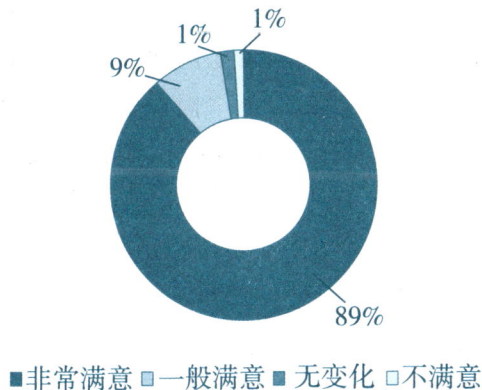

■非常满意 □一般满意 ■无变化 □不满意

图22-5　成效满意度问卷调查结果

2.提高企业通关效率。"银行保函管理系统"利用技术手段建立银行与海关的信息实时共享平台，代替原有的手工发报查询模式，创新智能化通关流程。使得该系统同以往核验模式相比至少节省了2～3个工作日的通关时间，为使用银行保函的企业提高通关效率。问卷调查结果显示，通过"银行保函管理系统"对于提高通关效率的情况，89%的企业或机构感到非常满意。成效满意度问卷调查结果如图22-6所示。

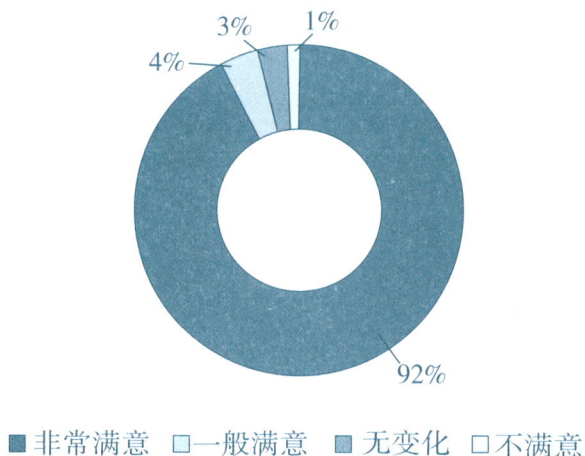

图22-6　成效满意度问卷调查结果

3.功能拓展前景较好。"银行保函管理系统"的投入运营，在获得相关企业或机构普遍认可的同时，也形成了相关用户对该交易服务继续拓展功能、扩大业务和深度创新的需求。下一步的工作思路，中国银行大连市分行将紧密围绕"深化全国通关一体化改革"，"推动自贸试验区经济建设"，继续致力于"担保无纸化"和"一站式服务"的推进，切实服务实体经济，为企业提供缴税更便利、通关更快捷的金融服务，为推动贸易便利化、促进地区实体经济稳步发展发挥更大作用。问卷调查结果显示，61%的企业或机构认为"银行保函管理系统"的功能扩展前景非常不错，对该平台的服务质量提升有更高期待。成效满意度问卷调查结果如图22-7所示。

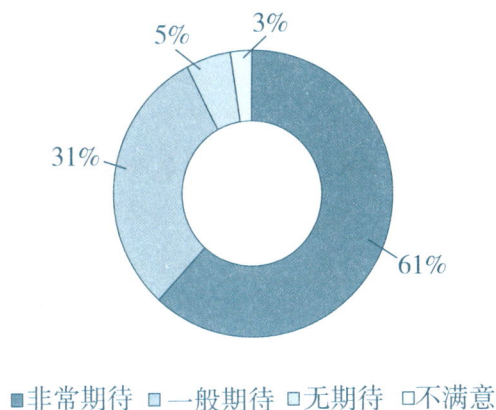

图22-7　成效满意度问卷调查结果

22.5　风险评估及防控措施

（一）主要风险点

"银行保函管理系统"以互联网技术等信息手段进行金融产品业务创新，总体风险可控。但是该系统不可避免的会面临一定的技术风险以及不可抗力风险。前者主要包括：数据安全问题、网络安全问题、安全应急措施是否健全等风险。后者主要包括因不可抗力因素所导致的风险。例如，突发的自然灾害对光缆的损毁等情况。

（二）风险防控措施

1.保证信息传送的安全性、稳定性和保密性。中行大连分行在系统研发之初，排除了总部对总部、云端服务器等连接方式，最终决定采用专线连接。银行保函管理系统的海关端由辽宁电子口岸有限公司负责搭建，银行端由银行技术部门负责搭建，两端由专线连接，数据加密传输，在很大程度上确保了信息传输的安全、稳定和保密性。

2.防范银行人员操作风险。银行传输的每笔保函信息都由两人进行审核，确保准确无误。系统柜员管理职能与业务操作团队相分离，要求银行人员定期更换外挂系统登录密码。

22.6　复制推广评估

（一）复制推广价值

大连海关联合推出的银行保函管理系统上线以来，得到了企业的热烈反响和高度赞誉，是深化全国通关一体化改革、促进企业贸易便利化的新举措。中国银行大连分行与大连海关系统的成功对接，已作为范例在关区内推广和应用，可以实现通关口岸和优选金融机构的全覆盖，使更多进出口企业享受到该系统的便利性，具有较大的复制推广价值。

（二）复制推广条件

银行保函管理系统需海关与银行系统实现对接。该系统的海关端口为开放端口，各银行须在通过海关审批之后，使用专线接入。